炒股**赚翻天系列**

抄底
就这几招
——股票投资中的58个抄底术

8招锁定最低点，一买就涨，一卖就赚
让善庄变成你的超级理财服务生
让恶庄变成你的"钱途"开路打手

刘平 著

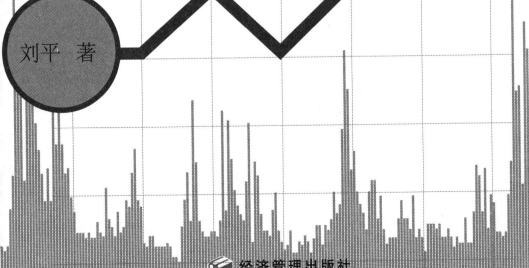

经济管理出版社
ECONOMY & MANAGEMENT PUBLISHING HOUSE

前　言

　　抄在底部是无数投资者梦寐以求的，如果抄在了底部，特别是长线的底部，无疑等于打开了股市赚钱的超级提款机。善庄将变成你的理财服务生，恶庄将成为你"钱途"的开路打手。赚钱如探囊取物！即使抄在短线底部的，在2014~2015年这样的牛市大背景下，几个涨停板是基础，十几个涨停板是常态，同样收益不匪！

　　在股市中，成功地抄底是衡量一个投资者操作水平高低的重要指标。但抄在底部的最低点上是可遇不可求的。虽然技术性强，但优秀的投资者总是能把握好进出的时机，虽然他不一定能抓住最低点，但一定能抓住次低点，或通过分批加仓等技术手段，充分分享锁定底部的盛宴。

　　对于投资者来讲，在股市中获利所需要的不仅仅是运气和勇气，更多的是需要投资者具备相应的操作技巧、策略和判断能力。也就是抄在最低点可遇不可求，但抄在底部是既可遇又可求！如懂得抄底方法可以让你至少锁定次底部；懂得K线组合，可以用K线图形及其组合研判底部；懂得均线分析，可以用均线系统发现大底、中底、小底；量在价先，通过量价分析或背离规律可以提前预判底部；通过KDJ指标等可以提前发现股价变动规律，提前锁定底部……

　　抄底是每个投资者的愿望，但纵观股市的发展历程，投资者的表现有天壤之别。

　　抄底要借势，脱离了"势"谈"底"是很危险的！事实上，底部的形成并不是一蹴而就的，也并非一步到位，有的投资者把最新的股价和以前的股价简单做比较，从而主观地确定该股价的相对"底"，这是很危险的。有个关于底部的段子很生动："本想抄底，而且抄在了地板上，却没想到还有地下室；抄在地下室的，没想到下面还有地窖；抄到了地窖的，没想到下面还有地壳；抄在地壳上

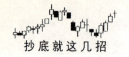

的，没想到下面还有地狱；拼死抄到了地狱里，结果是死了也没想到地狱居然还真有十八层！"虽然这是小概率事件，是极端情况，但也并非仅仅是个段子。2015年6月16日至7月8日这段牛市过程的大跌中，很多股民就是这样义无反顾地陆续抄在地板、地窖、地壳、地狱里。其实，无论从K线形态上，还是均线形态、技术指标，还是量价关系上等，这几次所谓的抄底"良机"都并不成熟。但越是这样"跌跌不休"的危险时刻，越能凸显出高手的价值，真正的抄底高手总能脱颖而出，惊艳于股市。有人依据政府护盘资讯，成功预测到了7月8日的底部，敢于在2015年7月8日贵州百灵跌停时全仓杀入，结果该股当日由跌停到涨停，一天就收获20%的涨幅。有某个大散户通过敏锐的市场嗅觉，准确判断出政府的护盘方向，在7月8日早盘全仓杀入上证50成份股，结果狂赚一个多亿。而多数投资者在对底部判断的时候会出现不同程度的误判，在此前大跌时的地板、地窖、地壳、地狱里接盘，在大涨时却犹豫、踌躇，错过了最佳的买入时机。

抄底也要进行仓位控制，抄底有更强的风险性和收益性，"不把鸡蛋放在一个篮子里"在抄底中同样适用。在本轮牛市的调整中，当出现7月9日、7月10日连续两日千股涨停的盛景时，大批散户惊呼"子弹不够"，这就是此前没进行仓位控制所致，机会来临时，只能眼睁睁错失大赚特赚、扩大收益的机会。

抄底也要进行价值分析，大师们通过价值分析发现位于底部低估值股票的技术似乎并不复杂。但股市总是那么浮躁，长线底的技术被很多人漠视……

抄底更需要技术，无论是长期底部、中期底部，还是技术性反弹的阶段性底部都需要技术。抄底有从战略层面抄长线底的技术和思路，还有从战术层面抄短线底的技法。股民的炒股周期不同，策略不同，长短线抄底方法都是股民应该掌握的。

本书编撰的目的就是帮助投资者掌握股票投资的抄底术，书中所讲述的知识通俗易懂，便于投资者边学习边实践。相信投资者在阅读此书之后，能在较短的时间内快速提高自己的实战技能。

本书共分为8章。第1章，主要介绍抄底的入门知识，如底部的概念、抄底概要、底部分类、抄底原则、抄底品种的选择以及抄底时机的选择。第2章，主要介绍抄底的稳赚理念，重点讲述了仓位、心态、止损及纪律四个方面。第3章，主要介绍抄底策略，内容包括基本面、技术面、成交量以及其他策略。第4

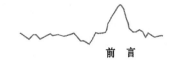

章，主要介绍 K 线抄底的经典组合，重点讲述了底部星线反转、十字孕线、底部阳线反转、底部双下影线、阴线跳空低开收阳、低位三阴线、两阳夹一阴、底部三阳线、上升三部曲、四连阴收阳、低档五连阳、低开阳线上插阴线等经典组合。第 5 章，主要介绍形态抄底，讲述了以下几种较为常见的底部形态，即双重底、三重底、头肩底、潜伏底、V 形底以及岛形底。第 6 章，主要介绍均线抄底，重点对短期均线抄底、中期均线抄底、长期均线抄底以及均线系统抄底进行了讲解。第 7 章，技术指标抄底，主要包括 KDJ 指标、MACD 指标、OBV 指标、RSI 指标、CCI 指标、BOLL 指标等最常用的抄底指标。第 8 章，主要介绍底部真伪的识别，从真假底部、筑底是否成功、反转与反弹等几个方面进行了详细的分析。

本书的特色可以归纳为以下几点：

◆ 实用性强。本书摒弃繁杂的操作方法，分别就股民最关心的识别抄底信号的方法谋篇，集萃了中外证券投资专家学者、股票投资名家的成功方法、技巧、策略，择其有效性最高的部分，针对具体抄底信号的特征，对其进行或简单直白，或深入细致的解析。

◆ 实战性强。本书所选实例均取材于近期个股，与股票市场和当前的行情联系紧密，针对性极强，将实用性发挥到最大。

◆ 内容丰富。本书几乎囊括了所有抄底操作策略、方法的各个知识点，内容系统、全面、丰富。

◆ 即学即用。本书条分缕析，每个信号独立成节，简单直观，一目了然。本书以快易通的方式，将抄底信号从浩繁的炒股理论和方法里萃取出来，使读者能够按图索骥，随取随用，信手拈来。

◆ 信息量大。本书各甄选了 58 类 100 多种抄底信号，既不失体系的完整性，又增强了方法的实用性和可操作性。

◆ 图文并茂。本书图文并茂，为便于读者阅读理解，几乎每种抄底信号都配有一张 K 线图，详细地标示了这种信号的形态和所处的位置，方便读者解读 K 线图，掌握方法和技巧，并敏锐捕捉股票买卖时机，获得稳定收益。

◆ 通俗易懂。本书根据抄底需要把握的基础知识与实战技巧，将理论与实践相结合，恰到好处地讲述了股票投资中的实用抄底术。本书从多个维度剖析了底部特征及其动态变化情况，帮助读者准确地脉准买入时机，把自己的利益最大化。

◆ 形式活泼。本书通过"抄底箴言"等栏目提示本信号内容要点、注意事项、背离情况、补充说明等，使读者理解、消化、吸收效果更好。

◆ 读者面广。本书注重短线操作，兼顾长线操作，适合于大多数短线股民的操盘风格和思路，同时又兼顾了长线投资者。长短兼宜，因而既适用于新股民，也适用于有一定基础知识的老股民夯实专业知识。

编 者

2015 年 6 月

目　录

第一章 不积跬步，难至千里
——解读抄底的入门知识

招法1 认识底部

对于每一位股票投资者来说，买在股价的底部无疑等于中了大奖，日进斗金并不是妄言。买在底部是每个投资者都渴求的，但买在最低点在技术上是很难掌控的，可遇不可求，而通过技术手段买在底部区域在技术上还是可行的。这既需要有高超的抄底技术，也需要果敢和一点运气。在学习抄底前，首先要明白什么是底，其次是识别底部的特征。

一、底部概要

一般而言，有的投资者认为最低价是底，还有的投资者认为行情发生反转的拐点位置是底。事实上，这些都是较片面的认识。底部既不是最低价，也不是某一个时点，现实的底部是指一个低价区域，在这个区域中的任何时间和价位买入都是正确的。投资者的投资周期不同，底又分大底和小底、短底和长底，牛市、熊市转换之间的绝对底部和阶段性调整的相对底部，不论是哪种底部，底部都是指底部区域。

二、底部的特征

短期底部与长期底部在形态上没什么差别，但特征是不同的，短期底部股价

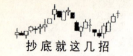

下跌后反弹的特征人所共知，这里无须赘述，这里重点介绍股民关注的大底——长期底部的特征。长期底部的特征可以归纳为以下几点：

第一，股价在经过长期下跌后，出现横盘震荡。在横盘震荡整理过程中，时有反弹，带来少许希望，又突然破位（如图1-1）。此时的投资者已如惊弓之鸟，开始更加悲观恐慌，唯恐此震荡调整为下降矩形，为是否割肉离场而犹豫不决，在营业部里，恐慌气氛蔓延，咨询电话语无伦次，现场客户怨声载道。

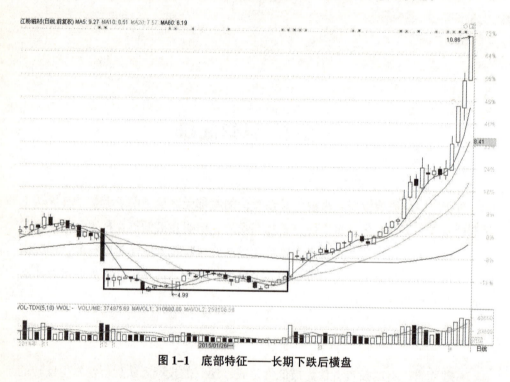

图1-1　底部特征——长期下跌后横盘

第二，新股开始持续跌破发行价格，新股上市首日收盘涨幅极低，有的在不久后就跌破发行价格，或开始有股价跌破净资产值的个股出现。

第三，盘面热点板块开始出现。尤其在大盘反弹或反转初期，市场人气的聚集需要一批龙头股和领涨股带动热点板块的炒作（如图1-2）。市场信心的增强也靠板块热点的形成，短期市场受政策面影响普涨之后，转入个股分化炒作的现象，反映出庄家对潜力品种的发掘和龙头领涨股的培植，一些有强庄率先介入的个股无疑便成为市场领涨的先锋，经常成为市场的风向标。

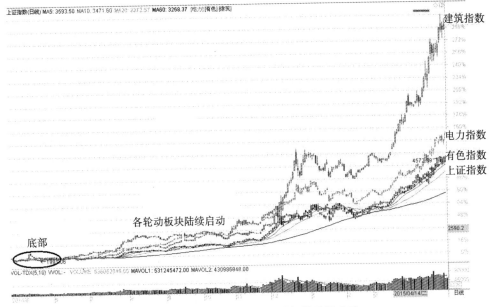

图1-2 底部特征——各轮动板块陆续启动

第四，涨跌幅榜呈橄榄形排列，即最大涨幅3%左右，而最大跌幅也仅3%左右，市场绝大多数品种处于微涨、微跌状态。

股票行情系统中，涨跌幅排名表提供的是股票价格上涨或下跌的幅度（以百分比计算）排名的即时信息。它是动态的，随个股价格变化而调整。

个股价格的涨跌幅度 =（股票即时价格－上一交易日收盘价格）/ 上一交易日收盘价格 × 100%

在一般的行情系统中，按"61"可以显示上证A股涨幅排名，按"62"可以显示上证B股涨幅排名，按"63"显示深圳A股涨幅排名，按"64"则显示深圳B股涨幅排名。通过行情系统还可查询沪深两市债券和基金的涨幅排名。

第五，前期抗跌个股及板块开始补跌。所谓补跌，是指某股票或某股票板块在大盘指数下跌（大盘下跌）时，股价没怎么下跌，甚至还上涨；随后，大盘盘整或上升（大盘上涨）时，股价反而下跌（如图1-3）。

第六，管理层的态度开始逐步转暖，政策面开始出现少许转机。媒体上又开始出现讨论降低交易成本税收等相关话题，但大多数人充耳不闻。

第七，前期看多的机构开始悲观。多头由前期看多开始悲观看空，一直看多的分析师或媒体上主流的咨询机构开始悲观看空，对前景开始谨慎对待。

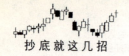

图 1-3　底部特征——抗跌股补跌

第八，散户到大中户均大幅亏损，突然有一天普遍大跌，投资者开始加大亏损额；大部分投资者已经亏了很长时间和亏了很多，连一些有经验的分析师也开始悲观起来。

第九，消息面上任何轻微的利空就能迅速刺激大盘走中阴线，这种没有任何实质性打压却能轻易引发下跌，表明市场人气已经脆弱到了极限。

第十，大跌后又大跌，关键阻力位及重要心理位破了一个又一个，"跌跌不休"（如图 1-4）。舆论一边倒看空，交易量锐减，对宏观面和政策利好变得麻木不仁，熊市思维极其严重。

第十一，大盘下跌末期，板块联动脉冲放量及轮换现象加剧，但大盘指数波动区间并不大。

第十二，指数跌破"政策底"，券商普遍亏损，经营危机，有关券商困难危机的报道不绝于耳，媒体刊登的关于在发展中改革券商的话题逐步增多。

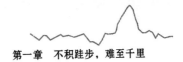

图 1-4　底部特征——关键阻力位被连续突破，交易量清淡

抄底箴言

对于投资者来讲，把底部的形态特征总结成为简单易懂的规律加以记忆仅仅是第一步，还应该学会举一反三。关于底部的特征，只要真正了解了底部的变化和走势特点，投资者在实战中吃亏的可能性就会大大降低。

招法2　解读抄底

一、抄底概要

所谓抄底，是指以某种估值指标衡量股价跌到最低点，尤其是短时间内大幅下跌时买入，预期股价将会很快反弹的操作策略。

在股市投资中，能够买到最便宜的股票，是所有投资者的最大愿望。然而，

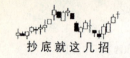

究竟什么样的价格是"最便宜"或称"底",并没有明确的标准。抄底往往是对已经发生的在最低点买入的描述,但很难判断未来什么样的点位是底部,不同的技术方法发现底部的时间先后和位置也不同(如图1-5)。严格地说,底部是一个区域,底部的特点就是成交量少,而最低点的成交量又是少之又少。假定最低点成交量为1亿元,相对于几十亿元来说,是小概率事件,就像买彩票中大奖一样。因此抄在最低点是可遇不可求的。在技术上难度极大,可操作性极低。真正有意义的抄底,是指在底部或阶段性底部出现以后,能够在跟最低点比较接近的位置全力进场,这才是投资者应该追求的目标。

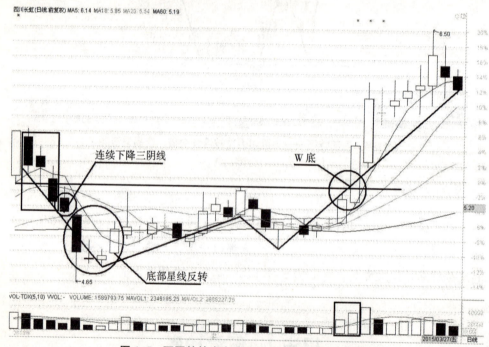

图1-5　不同的技术方法确认的底部位置不尽相同

二、抄底原理

当一个股票跌幅巨大时,套在其中的投资者却因没法忍受连续下跌带来的痛苦和压力,纷纷割肉认赔出局,在确认股价跌幅已深时,总会有资金看中其中的投资价值,底部的时候会有资金进去接盘。由于恐慌导致的浮筹纷纷杀出,虽然表面空方仍占有优势,但实际上杀跌盘逐渐衰竭,股价就有望反弹向上,从盘面

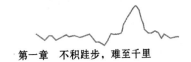

和 K 线形态可看出是否已经筑底，而较早之前买入的投资者因看到希望也就不再继续杀跌，场外资金看到这个情景，会加快资金流入，股价顺理成章会反弹，当然反弹的力度和空间取决于庄家的强弱和本身的价值。

三、抄底的分析

客观来讲，如果没有单位时间的概念，那么顶和底永远不会出现，因为时间永恒而股票市场不知道要存续多少年，只要股票市场不终结、不消失，那么顶和底就永远不会出现。因为价格是波动的，随时有可能创出新低和新高。但是，当我们给了一个单位时间的前提，一切都变得真实和可以预见。因此，在单位时间内抄底是完全可能的。事实上，每个成功的投资者都在做这件事情，只不过我们很难绝对地、经常地抄在绝对的低点上，但我们完全有理由和证据说我们可以买在底部，"部"是个位置或者区域，包括最底部、次底部、准底部、相对底部等，它们都统称底部，也就是说底部是交易的定性化，而不是数学的定量化（如图1-6）。

图 1-6　最底部与次底部

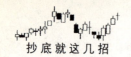

从实战的情形来看，如果投资者将抄底简单理解为对某一具体时点的追求，并且一心一意地寻找这种底，那么，投资者所面临的最终情况有两种可能：一种是过早地抄底而被牢牢套在"漫漫熊途"中，另一种是错失最佳的机会而只得追高。

在实际操作中，投资者抄底成败主要取决于对"底"的把握是否准确。一般情况下，如果在"抄底"结束之后，股价继续出现下跌，则说明抄底是失败的。有个错误的观念就是股票跌了多少多少就到底了。实际上，底部不是简单由股价决定的，想抄到大底通常不是很容易的；很有可能你抄到了半山腰，同样欲哭无泪。有个笑话说明了抄底没抄好的情形：本想抄底，而且抄在了地板上，却没想到还有地下室；抄在地下室的，没想到下面还有地窖；抄到了地窖的，没想到下面还有地壳；抄在地壳上的，没想到下面还有地狱；拼死抄到了地狱里的，结果是死了也没想到：地狱居然还真有十八层。图1-7为长青股份2015年6月8日至7月3日的走势图，6月10日，长青股份（002391）出现了形态不是很标准的底部星线反转信号，自6月15日起，大盘连续下跌，个股随之暴跌，在6月17日、6月23日、6月30日接连出现疑似止跌信号，如果在这几个点位抄底将

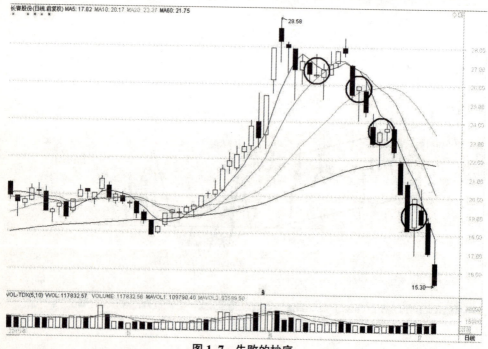

图1-7 失败的抄底

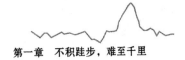

大错特错，股价继续跌无止境。这几个点位抄底的错误在于大盘暴跌，覆巢之下无完卵，宜减仓甚至清仓观望，不宜抄底。另外，这几个所谓止跌点在技术图形上不完整，不具备确认底部条件。

抄底箴言

需要提醒投资者的是，绝对的抄底是没有意义的或者说是意义不大的，因为抓住绝对低点，除了证明你技巧高超外并不能给你带来更多的利润。我们在交易中通常说的是抄底就是指在一个相对安全的区域建仓。如果投资者在一个市场整体而言较低的位置买入，那就意味着在未来的价格波动中，投资者所持有的股票处于有利的位置，可以更从容地调整股票，以期逃避可能出现的风险。

招法 3 底部的分类

按照底部构筑时间的长短，可以分为以下三类：用几个月甚至几年的时间形成的长期底部形态，底部构筑完成后，将形成一轮长达数年或涨幅惊人的大牛市行情；用几周时间形成的中期底部形态，底部构筑完成后，将形成一轮长达数月的中级行情；用几天时间形成的短期底部形态，底部构筑完成后，将形成一轮长达一周至数周的波段行情。

一、长期底部

1. 长期底部的概念

所谓长期底部，是指弱势行情完全结束，多头行情重新到来的转折点。

2. 长期底部的分析

就长期底部来讲，其形成通常需要有两个重要前提：其一是导致长期弱势形成的宏观基本面利空因素正在改变过程当中，无论宏观基本面利空的消除速度快慢，最终的结果必须是彻底地消除；其二是在一个低股价水平的基础上投资者的信心开始恢复。长期底部之后的升势可能是由某种利好题材引发的，但利好题材仅仅是起一个引发的作用而已，绝对不是出现多头行情的全部原因，也就是说，

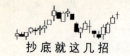
市场须存在出现多头行情的内在因素，才有走多头行情的可能性。而这种内在因素必须是宏观经济环境和宏观金融环境的根本改善。图1-8为梦洁家纺2012年8月至2014年5月走势图，股价长期低迷，自2014年6月开始，股价缓慢启动，走出底部，2015年3月股价大幅飙升。

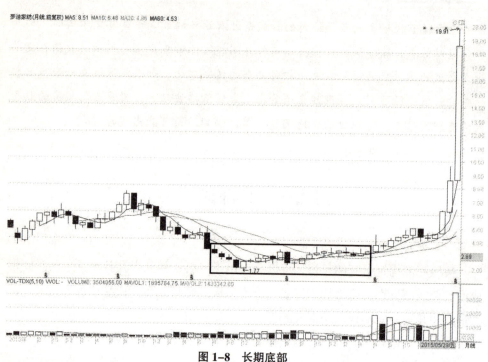

图1-8　长期底部

3. 长期底部的特征

概括来讲，长期底部的特征可以归纳为以下几个方面：

（1）普遍亏损。

长期底部的最鲜明市场特征是十分萧条，亏损面非常大，不仅仅是投资者亏损严重，券商的亏损也十分普遍，部分庄家和私募资金因为时间成本的压制导致资金链断裂。

（2）非理性下跌。

就我国股市的发展来讲，在熊市末期，指数多数情况下都出现了非理性的暴跌。这种暴跌产生的背景往往是在股市已经经历过深幅下跌，各项技术指标已经严重超卖，持股的投资者接近全面亏损，市场中几乎不存在做空动能时。可是，

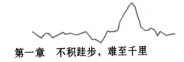

股指却在没有做空动能的情况下，连续性大幅度跳水，这恰恰说明大盘已具备产生长期底部的条件。

（3）投资者的信心受挫。

参与操作的投资者，基本上已经受到了严重的打击。在这种情况下，多数投资者都会做出这样的选择：稍有获利就立即了结，轻易不愿意再投入股市。并且在市场中熊市思维十分流行，往往对政策面的利多和市场环境的转暖视而不见，反而对政策动向朝利空方面去理解。

熊市有熊市的思维，牛市有牛市的思维。在熊市中，一旦股票出现下跌，投资者考虑的就是卖出；在牛市中，在股票出现下跌的情况下，投资者想的却是买进。简言之，熊市思维就是长空短多。

（4）恐慌盘蜂拥而出。

所谓恐慌盘，就是大盘下跌时，因为看到大盘瞬间跌幅巨大而产生的恐慌心理最终表现为杀跌卖出手中的股票。

恐慌盘是大盘见底的最重要标志。恐慌盘是空头能量的集中释放，只有恐慌盘的大量涌现，大盘才会真正见底。只有连续性放量暴跌，大盘才会出现大的市场机会。然而，目前市场上对于恐慌盘的研判并没有一个具体的标准，这也令很多投资者感到迷茫。有时虽然市场中出现恐慌盘，但投资者急忙建仓后，股指仍然继续下跌，这是因为投资者没有熟练掌握研判恐慌盘的技巧。

通常情况下，恐慌盘按其性质进行划分可分为两类：获利恐慌盘和杀跌恐慌盘。事实上，当股指经历一段时间的下跌之后，市场中确实会有部分投资者卖出离场。然而，这其实并不是真正的恐慌盘。只有等到一些中长线筹码和严重套牢筹码开始不计成本地恐慌杀跌时，才说明市场已经临近长期的重要底部。

（5）个股走势恶化。

市场中常常出现跌停板个股，表现在个股 K 线上，比较多见的是跌幅较大，阴线实体较长，经常出现连续性的快速下跌，成交量也会随着股价的下跌而趋于放大。在某一阶段，只要投资者买进，就会被套牢，而这也令投资者不敢轻举妄动。

（6）抗跌股的补跌。

在牛市行情中，往往是"领头羊"及一批热门板块先轮番上涨，然后随着行情向纵深发展，二线股和三线股也会随着产生补涨行情，当最后一批滞胀的个股

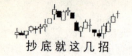

也出现补涨行情时，就说明大盘已经走到了牛市的顶峰。在熊市里也同样如此，在绝大多数股票都已经深幅下调以后，前期一些表现较为抗跌的强势股也开始出现补跌行情时，恰恰说明大盘已经见到熊市的底部了。因为抗跌股票的破位下跌，会引发出市场中最后的获利解套盘和止损盘，使做空动能得以彻底释放，加速大盘的快速赶底，使大盘能够更快地见底。

事实上，根据股票交易价格的高低，我国投资者直观地将股票分为一线股、二线股和三线股。一线股通常指股票市场上价格较高的一类股票。这些股票业绩优良或具有良好的发展前景，股价领先于其他股票。大致上，一线股等同于绩优股和蓝筹股。二线股是价格中等的股票。这类股票在市场上数量最多，二线股的业绩参差不齐，但从整体上看，它们的业绩也同股价一样，在全体上市公司中居中游。三线股指价格低廉的股票。这些公司大多业绩不好，前景不妙，有的甚至已经到了亏损的境地；也有少数上市公司，因为发行量太大，或者身处夕阳行业，缺乏高速增长的可能，难以塑造出好的投资概念来吸引投资者。这些公司虽然业绩尚可，但股价却徘徊不前，也被投资者视为三线股。

（7）彻底的破位。

简单来讲，破位其实就是股价下跌超过支撑的指数，跌破关键位置。这个关键位置可以是某条移动平均线，也可以是某个具体点位，还可以是技术上的某个区域。在实际操作中，投资者其实经常会遇到一些"技术破位"的情况，如技术形态的破位、中长期均线支撑的破位、技术指标的支撑破位等。一般情况下，当具有历史意义的重要支撑位被轻而易举地击穿，或者创下历史新低，这时候往往是投资者感到最恐惧的时候，可是，许多重要的长期底部恰恰是在这种情形下产生的。

（8）融资功能的衰竭与消失。

从狭义上讲，融资是一个企业的资金筹集的行为与过程，也就是公司根据自身的生产经营状况、资金拥有的状况以及公司未来经营发展的需要，通过科学的预测和决策，采用一定的方式，从一定的渠道向公司的投资者和债权人去筹集资金、组织资金的供应，以保证公司正常生产需要、经营管理活动需要的理财行为。从广义上讲，融资也叫金融，就是货币资金的融通，当事人通过各种方式到金融市场上筹措或贷放资金的行为。

事实上，融资功能是证券市场的基本功能之一，目前几乎已经演化成唯一的

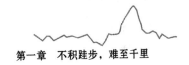

功能。非常巧合的是，中国股市历史上数次最重要的长期底部的形成，都与融资功能的衰竭与消失存在密切关系，融资功能的下降往往会促使政策的取向朝着繁荣或发展股票二级市场方向倾斜。

二、中期底部

1. 中期底部的概念

所谓中期底部，是由于股价经过长期下跌之后借助于利好题材所产生的历时较长、升幅可观的弹升行情的转折点。

2. 中期底部的分析

通常情况下，中期底部在跌势持续时间较长（10周以上）、跌幅较深（下跌30%以上）之后出现的可能性较大。而且，在到达中期底部之前，往往有一段颇具规模的加速下跌。中期底部的出现，一般不需要宏观上基本因素的改变，但往往却需要消息面的配合，最典型的情况是先由重大利空消息促成见底之前的加速下跌。然后再由于利好消息的出现，配合市场形成反转。在见底之前的加速下跌中，往往优质股的跌幅较大，股价见底期间，优质股的成交量会率先放大（如图1-9）。

图1-9　中期底部

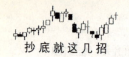
对于中期底部的研判，投资者可重点把握周K线系统。所谓周K线系统，包括周K线、周均线、周成交量等技术指标。使用周K线系统判断大盘中期走势的方法很简单：周均线拐头向上、同时MACD指标和5日均量线在低位形成"金叉"，便提示大盘一波中期行情来临（如图1-10）。

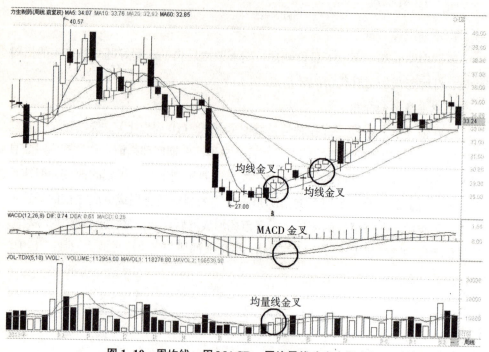

图1-10 周均线、周MACD、周均量线确定中期底部

实际上，在中期底部出现之后，往往会走出一个历时较长（一周至数周）、升幅较高的上升行情。在此波上升行情中，有时会出现回调或者整理，大体来讲升势可分为三段：第一段由低位斩仓者的补货盘为主要推动力，个股方面优质股表现最好；第二段由炒题材的建仓盘推动。其中，二线股轮番表现的机会比较多；升势的第三段是靠投机性炒作推动的，小盘低价股表现得会更活跃一些。在中期底部之后的升势发展过程中，会有相当多的市场人士把这一行情当作新一轮多头市场的开始，而这种想法的存在正是能够走成中级行情而不仅仅是反弹的重要原因。

另外，对于多数股票来讲，它们的中期底部与大盘是保持一致的。也就是说，如果大盘的发展不好，则个股的前景自然也不会好，虽然股市中存在一些逆

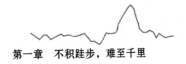

势而为的股票。因此，如果投资者想要参与处于底部的股票，一定要对大盘的情形予以考虑，最大限度地降低投资风险。

三、短期底部

1. 短期底部的概念

所谓短期底部，是指股价经过一段不长时间的连续下跌之后因导致短期技术指标超卖，从而出现股价反弹的转折点。

2. 短期底部的分析

一般情况下，短期底部发生行情转折的当天，经常在日 K 线图上走出较为明显的下影线，在探到底部之前，常常会出现 2~3 根比较大的阴线，换言之，也就是说，每一次加速下跌都会探及一个短期底部。在短期底部的前几天加速下跌之中，一线、二线、三线股的跌幅相差不大。短期底部之后，将是一个历时很短的反弹，这一反弹的时间跨度多则三五天，少则只有一天，反弹的高度在多数情况下很难超过加速下跌开始时的起点。在反弹行情中，以低价位的三线股表现最好，而一线优质股则波幅不大（如图 1-11）。

图 1-11 短期底部

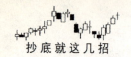

需要说明的是，短期底部只是大盘下跌动能暂时趋于衰竭、股指短线止跌企稳的底部位置。出现短期底部后，大盘通常会有一波反弹行情，但反弹行情能否演变成反转行情，短期底部能否演变成为更高级别的底部，还需要根据出现反弹行情时的市场环境另行研判。

3. 短期底部的应对方式

对于短期底部，投资者在具体应用时可关注以下两点：

（1）当大盘在底部区域反复震荡盘整时，投资者可以适量地参与高抛低吸的小波段操作。

（2）当大盘再次出现急跌走势时，投资者可以选择一些超跌的品种，逢低买入，把握机会抢反弹。

抄底箴言

在实际操作中，投资者需要重视中期底部与长期底部的形成。一旦看准中长期底部出现，可以下大注去搏，而对于短期底部，以不予理睬为上策，即使确实有兴趣进行短线投资，也应严格控制入货总量，并坚决按照止亏纪律进行操作，那种"逢底便抄，几乎天天都在抄底"的投资者必然损失惨重。

招法4　抄底的原则

股市是一个风险较大的市场，对于入市的每一个投资者来讲，都应该在入场之前了解一些炒股的原则。即便在实战中不完全按照这些原则进行操作，也可以作为投资的参考准则。从实战经验来看，投资者在抄底的过程中，要把握好以下原则：

一、炒上涨的品种

在股市中投资，所有人都喜欢股票上涨，因为国内股市只有做多机制，就是股票上涨才能有盈利。对于上涨的股票来讲，投资者需要弄清其上涨的原因所在（如图1-12）。

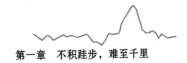

一般情况下，股票上涨，是由内因与外因共同决定的。内因，是公司的业绩。只有公司的业绩稳定持续增长，公司才能发展壮大，公司的股票价格才有实质性的上涨。所以，炒股或投资股票，就是炒公司的业绩，也包括公司的未来。外因，是庄家。是他们的操纵才把股票的现在价值表现出来，把股票的未来和预期提前炒出来。

如果投资者对那些不涨反跌的股票进行抄底，除非正好买到底部，大多数情况下是要先被套牢的，如果套牢的时间太长，抄底者的心态就会变坏，这样一旦股价回升解套或小有盈利，抄底者往往不能坚守，因为此前的套牢还记忆犹新，唯恐错失解套机会，便会迫不及待地退出观望。岂料此后股价继续上涨，真正大涨的一段盈利白白丢失。这是抄底者遇到的普遍问题，买得早不如买得巧，买得早往往拿不住。而对于买进上涨股票的投资者来讲，因为暂时不会受到亏损的困扰，所以投资心态也是很平静的，往往能够收获了后面大涨的可观盈利。所以，买涨不买跌是比较明智的。

图 1-12　炒上涨品种

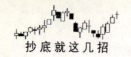

抄底就这几招

二、避免满仓操作

一般而言，如果投资者现在持有股票或正想抄底买入股票，那么就需要考虑这样一个问题：究竟集中资金买一个股票好，还是分散买 N 个股票好。通过观察可以发现，投资者在具体应用中存在两种错误的操作方式：一类是满仓操作一个股票，一输皆输，一赢皆赢。如果没有十分把握，等于孤注一掷，风险极大；另一类是分散操作许多股票，甲股买几百股，乙股也买几百股，听人说丙股好，马上再追买几百股，并美其名曰"分散投资风险"。

很多投资者可能有这样的经历，当自己看好某只股的后市表现，满仓杀进时，结果不幸被深套其中。此时恰好看到另外一只即将发飙的潜力股，却苦于再无资金进行追击。

众所周知，股市的运行状态，无非上涨、下跌、横盘三种。当市场处于上涨状态，满仓操作自然盈利最大。但在经过一段时间上涨后，必然要进入下跌和横盘阶段，以酝酿下一轮上涨。而在下跌和横盘时，继续满仓的风险可想而知。所以，投资者一定要明白一个道理：长期满仓操作的风险是极高的。

另外，需要说明的是，多数投资者都听说过这样一个理论：不要将鸡蛋放到同一个篮子里面，即分散风险的意思。分散风险本来没有错，但是，许多投资者并没有真正理解此理论的含义。不将鸡蛋放在同一个篮子里，并非是投资者持股票个数越多越好，换言之，仓位分散的意义在于适度，既要分散风险，还要能提高（或者说是捕捉）操作的成功率。

三、见好就收

在股市中，如果是牛市可以选一只好股在底部长期持有，如果是震荡市或熊市则见好就收，投资者一旦有了盈利就要考虑止盈。炒股是一个数字游戏，数字只有完全变成钞票才是真实的，否则都是空的，都是虚幻的。既然是抄人家的底，就要提防人家反扑上来咬你一口。因此，抄了就要及时跑。

对于入市的投资者来讲，都是冲着高收益而来的。然而，获得高收益的必要前提就是低价买，高价抛，但其中的学问在于，究竟在哪个时段何种价位买和卖，这不仅考验个人的操作技巧和功力，而且对判断能力和决策水平也是一种挑战。客观来讲，低价和高价都是相对的，任何人也不可能具备最低价买进、最高

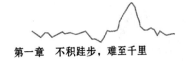

价抛出的超人本领，贪欲的背后就是巨大的风险。因此，投资者要切忌一个"贪"字，见好就收未尝不是理想选择。

抄底箴言

挑选合适的股票是盈利的前提，买在合适的价位是获得利润或减少亏损的关键，耐心守护是收益最大化或防止利润缩水的保证，适时卖出是对盈利或亏损的结算。而这些都是需要投资者按照一定的原则、采取一定的策略，才能够顺利完成的。

招法5 抄底品种的选择

在实际操作中，不是任何个股都可以进去抄底的，对跳水老庄股要区别对待、要格外小心。有的股票因庄家彻底离场或基本面恶化，是不适合进去抄底的。投资者需要把握的合适的抄底品种主要有以下几种：

一、强势股

所谓强势股，指在一轮大行情启动初期率先结束调整、率先发力、率先冲击涨停的股票。

就强势股的特征来讲，主要有以下两点：第一，高换手率。强势股的每日成交换手率一般不低于5%，某些交易日达到10%以上，甚至可能达到20%~30%。第二，具有板块效应。强势股可能是一波行情的龙头股，也可以是热点板块中的代表性股票。强势股的涨跌，会影响同板块股票的涨跌。当然，并非所有大市回调时反而上升的个股均可称为强势股。因为市场中有一种庄家专门逆势操作，即大市上升时它不升，大市下跌时它异军突起，我们把它叫作庄股。对于这一类庄股，不称它们为强势股，因为它们的势力并不强，只是逆大市而动而已（如图1-13）。

在实际操作中，对于强势股的捕捉并不容易，其主要原因：有的是真强势，会在日后反弹中充当"领头羊"，且持续时间较长，能给追入的投资者带来较丰

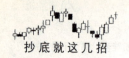
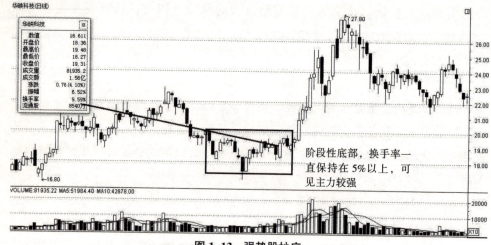

图 1-13　强势股抄底

厚回报；有的是假强势，经过几天表演甚至"一日游"后又成"一潭死水"，个别股票日后走势甚至与气势如虹的"井喷行情"背道而驰，操作时一定要注意观察。在具体应用的时候，投资者要关注以下几点：

（1）强势股一般在大盘低迷时率先放量上涨或第一个封涨停，大胆的投资者如果能够及时介入强势股，就可以持股不动，等待大盘行情结束，或强势股明显形成头部时方卖出。

（2）要在第一时间追进，一旦看准目标就及时下手。

（3）要一次性买入，若分批建仓、越涨越买，会增加持仓成本，轻则影响收益，重则不盈反亏。

（4）强势股在一轮上涨过程中，可能出现基本面的利空消息，这时该股短线会有短线下跌。由于板块热点还未消退，庄家资金也还在其中，等该股短暂企稳之后，庄家再次拉升的概率很大。

二、炒龙头的品种

所谓龙头股，是在一些热点板块走强过程中，上涨时冲锋陷阵在先，回调时抗跌，能够起到稳定军心作用的"旗舰"。龙头股通常有大资金介入的背景，有实质性题材、业绩提升或某种具有前瞻性的新概念为依托。

一般情况下，当某个股或者某几只股票出现上涨的时候，能同时带动同一板块或有同一概念，相邻概念的股票跟着上涨，如果其回调，也导致板块其他股票

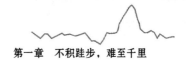

跟着回落，它能通过对板块的影响而间接影响大盘指数的涨跌，这样形成板块效应或热点效应，那么初步或基本可以判定这股或这几只股是领涨的股票，也就是龙头或热点中的焦点股票。

事实上，龙头股所能持续的时间有限，故其也不是一成不变的。对于投资者来讲，可通过以下几点把握龙头股：

1. 根据板块个股选龙头股

具体操作方法是密切关注板块中的大部分个股的资金动向，当某一板块中的大部分个股有资金增仓现象时，要根据个股的品质特别留意有可能成为"领头羊"的品种，一旦某只个股率先放量启动时，确认向上有效突破后，不要去买其他跟风股，而是追涨这只"领头羊"，这叫"擒贼先擒王"。图 1-14 为 2015 年 2月 12 日至 6 月 12 日中国铁建的走势图，受惠于"一带一路"国家战略，中国铁建走势强劲，跑赢大盘和建筑指数，是建筑板块的龙头股。

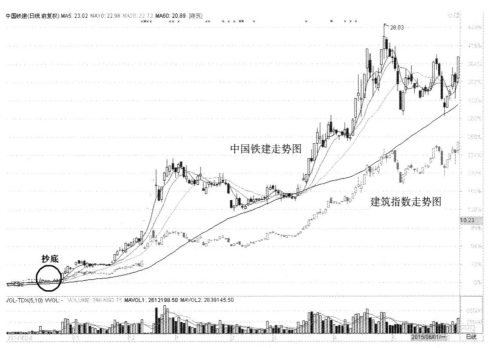

图 1-14　炒龙头品种

2. 追涨龙头股的第一个涨停板

在实际操作中，若投资者在龙头股启动时并未及时介入，则可在该股拉升时

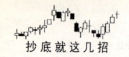

出现的第一个涨停板处追进。从实战的情形来看，龙头股的第一个涨停板还是比较安全的，后市一般会出现一波上冲行情，而投资者也有时间离场。具体来讲，对于龙头股的涨停板，投资者要把握以下两种追涨方法：①在龙头股即将封涨停时追涨。②在龙头股封涨停后打开涨停时追涨。

3. 在龙头股强势整理期间介入

事实上，即使最强劲的龙头股行情，中途也会有强势整理的阶段。这时，是投资者参与龙头股操作的最后阶段，投资者需要把握其休整的机遇，积极参与。但是，这种操作方式也存在一定风险，当市场整体趋势走弱，龙头股也可能会从强势整理演化为真的见顶回落。在这种情况下，对于龙头股的判断，投资者可以借助 PSY 指标：当龙头股进转入调整时，PSY 有效贯穿 50 的中轴线时，则说明龙头股已经见顶回落，投资者不必再盲目追涨买入。如果 PSY 始终不能有效贯穿 50 的中轴线，则说明龙头股的此次调整属于强势整理，后市仍有上涨空间，投资者可以择机介入。

三、超跌股

投资者在选择抄底品种的时候，对极度超跌的品种可予以重点关注。特别是在一个月以内连续暴跌达到 50% 以上的品种。在前一轮反弹行情中，曾经巨量换手强势拉升达到 40% 以上的品种优先考虑（如图 1-15）。

所谓超跌股，是指股价脱离大市深度下调的股票。实际上，股票超跌又可以分为两种情况：一种是个股本身基本因素变化所导致的超跌，如利润完成情况太差、配股方案强人所难等；另一种是技术性的超跌，即大市下行时，其跌得更深更快，或新股上市生不逢时，价格定位太低等。

事实上，对于上述两种超跌情况，之后或早或晚都会出现一个补涨行情。补涨动力来自多方：首先，超跌本身就提供了股市中最有上涨潜力的因素——低价位；其次，介入超跌股的实力大户及股票发行公司可能会设法进行自救；最后，导致超跌的恶劣因素被改善以至转好，等等。

需要强调的是，投资者在捕捉超跌股的时候，一定要对超跌股的基本面进行研判，从中选择一批业绩有潜力，并且技术面严重超跌调整到位的个股，具体依据如下：

第一，重点关注基本面并未发生实质性变化、无明显利空影响而形成的超跌

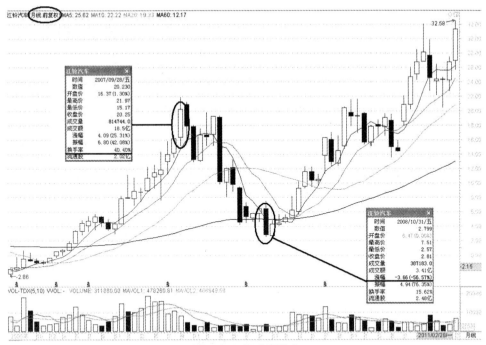

图1-15 超跌股抄底

股，对于有问题的超跌股则需要回避。

第二，短线回落幅度较大，跌幅远大于大盘跌幅，并且形成一直下跌，大盘反弹时也未随大盘反弹，使该股多头能量集聚较好的个股。

第三，股价快速下落，成交快速萎缩较好，下跌动力释放充分，而目前在底部开始出现明显放量的态势，有短线上攻的要求。

四、低价股

在熊市环境中，股票价格相对越便宜，其吸引力就越强。因为庄家在拉升时，投入的资金压力相对较小，因而比较容易操盘（如图1-16）。

对于低价股，投资者往往认为就是价格便宜的股票。事实上，这样的了解较为片面。对于抄底的投资者来讲，需要重点关注的是优质的低价股，这样才能在之后的操作中获利。对于优质低价股的捕捉，投资者需要把握以下几点：

1. 公司盈利收益稳定

如果有些低价股连年亏损，那么这类股票不捡也无须感到遗憾；唯一例外的是有些低价股即将扭亏为盈，而且未来盈利前景很大，应另当别论。

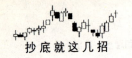

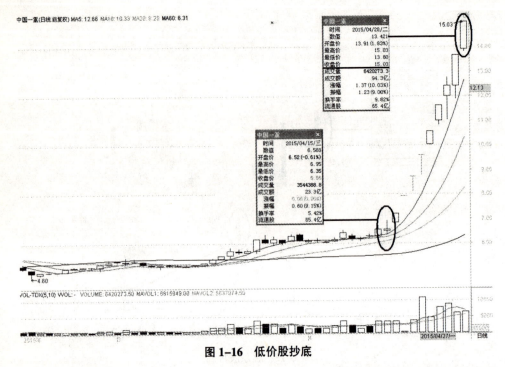

图1-16　低价股抄底

2. 公司业务独特

虽然该股票目前的价格够低，但并非人人可以参与，那么该股票的前途值得投资者关注。

3. 公司业务的进入门槛很高

这与第二点有些相似，但这里特别强调的是指某些不能被取代、替换的专业——即使有钱也不一定可以打入这个行业。

4. 市场潜力特别大

如果公司未来发展空间有限，即使符合上述三个条件，也不能视为一只值得投资的股票，因为未来盈利受到了限制。

五、备选股

相比追击强势股，较实惠的方法是低买备选股，即抄底前精选几只熟悉的待买股票，拟好待买时机、品种、价格和数量，伺机买入。有了周密计划，操作就能有的放矢。

六、逃顶股

在实战中，在低位买入曾在高位逃顶时卖出的股票，是抄底最稳妥的方法，即既不追强势股，也不开新仓位，而是仍接回逃顶股。

在具体操作时，投资者要把握两个"不变"：一是品种不变，即专门买回逃顶时卖出的股票；二是数量不变，即当初逃顶时卖出多少，抄底时就买回多少。当一轮完整的抄底过程结束后，持有的股票名称和数量正好与逃顶前的持仓一致，唯一区别在于抄底后账户里剩余的资金比逃顶前要多。

抄底箴言

沪深两市有几千只股票，但是，按照特定的条件在特定的时间段内，投资者所能选中的目标股仅仅是极少的一部分。而且，完全与投资者炒股方式相符的个股更是少之又少，这也是为什么"该轻仓时就轻仓"的原因所在。若投资者手中的个股或是当前股市中的个股无法与投资者选股理念相吻合时，此时操作，风险高于收益。对于经验不是十分充足的投资者来说，要建立属于自己的选股流程，并且能够按照流程进行选股。

招法6 抄底时机的选择

能否成功地抄底是衡量一个投资者操作水平高低的重要依据，优秀的投资者总是能把握好进出的时机，虽然他不一定抓住最低点。与之相反，其他人却往往容易踩反步点，买在最高点而卖在最低点，损失自然惨重。

在实际操作中，对于抄底的投资者来讲，在好的时机入场，面临的只是获利多少的问题；而在不恰当的时机入场，面临的则是亏多亏少的问题。就时机而言，投资者一定要懂得把握趋势。在行情底部或者在上升行情刚开始的时候入场无疑是最好的时机，而在行情顶部或者下跌行情刚开始时卖股离场，则可以让投资者在升势中所创造的利润实现最大化。

从大的方面讲，把握"抄底"时机的关键是寻找规律，按规律操作。事实

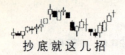

上，投资者通过观察上证指数历年来所经历的"路线图"变化发现，每当股市深幅调整之后，市场总会出现若干个"政策底"，最终又会在不知不觉中将"市场底"呈现在投资者面前。虽然从总体上看，"政策底"与"市场底"之间似乎没有必然的联系，但实际上却有着一定的关联，这就是"政策底"每出现一次，就会离"市场底"近一步。所以，根据市场底部的这一特点和规律，投资者在"抄底"时机选择时，可大致掌握这样的原则：在"政策底"出现后适量买入，以免踏空，但不宜采取极端式、一次性买入法，而是应在控制风险、两手准备的基础上，随着"政策底"出现次数的不断增多逐渐加大建仓力度（如图1-17）。

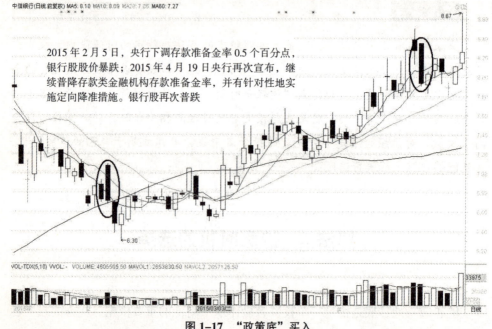

图1-17 "政策底"买入

从短时间走势的角度，投资者对于抄底时机的把握，关键在于准确判断趋势，按照趋势的发展进行操作。具体来讲，一旦"大底"形成、趋势明朗，就应视每次阶段性回调为"小底"机会，及时把握难得的低吸良机，在大盘和个股回调时果断买入待买的品种，原则上不要选在大盘和个股上冲时或大涨后买入股票（如图1-18）。

事实上，对于不同的投资者来讲，其选择的抄底时机也是不一样的。对于某些投资者来讲，无论大盘或者个股处于何种价位，只要股价向下回落至一定价

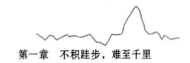

图 1-18　阶段性回调买入

位，便会适量参与。一般情况下，这种边跌边买的方式对于手中资金较多的投资者比较合适。而有些投资者，则会选择股价在相对低位横盘时买入，此时价格较低，买入风险较小，但时间可能较长，需要有较大的耐性。此外，还有一些投资者会在确认股价或股指走出底部，或走出下降通道后买入。对于采取这种方式的投资者来讲，应该具有较为准确的判断力和快速果断的操作能力，此时买入见效最快。

抄底箴言

需要强调的是，抄底成败对于投资者心态的影响是很大的，而这也会直接影响最后的操作结果。所以，对于抄底时机的把握是很重要的。值得投资者谨记的是，N 个"政策底"之后必将迎来"市场底"，每个"市场底"又都是千载难逢的低吸良机。一旦错过"大底"建仓良机，也要把握"小底"买入机会。就实际操作而言，成功"抄底"无须高招，简言之就是只要逢低买入熟悉品种，及时做好组合搭配，正确把握轮动节奏，始终保持良好心态即可。如此"抄底"，成功的概率就会大大增加。

第二章 运筹帷幄，洞悉先机
——剖析抄底的稳赚理念

招法 7 保持足够的仓位

2015 年 7 月 10 日，面临着 6 月份大跌政府强力护盘后连续两日的千股涨停，很多股民惊呼"子弹不足"，这就是在真正的底部来临之时，没有保持足够的仓位所致，即使是机会来了，发现了真正的底部，也无法实施抄底操作，由此可见仓位的重要性。

一、仓位概要

所谓仓位，是指投资者实际投资和实有投资资金的比例。例如，投资者有 10 万元用于投资股票，现在用了 4 万元，投资者的仓位是 40%。如果全买了股票，就是满仓。如果全部卖出，就是空仓。

对于投资者而言，能根据市场的变化来控制自己的仓位，是一种很难能可贵的炒股技能。而若不能很好地控制仓位，如同行军打仗时没有后备军队一样，将会处于一种较为被动的局面。

事实充分证明：科学的建仓、出场行为在很大程度上可以避免风险，使资金投入的风险系数最小化。虽然在理论上来讲其负面的因素也可能带来了利润的适度降低，但股票市场是高风险投资市场，确定了资金投入必须考虑安全性问题，保障原始投入资金的安全性才是投资的根本，在原始资金安全的情况下获得必然

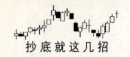

的投资利润，才是科学、稳健的投资策略。

二、解读仓位控制

事实上，有些实战经验的投资者都明白这样一个道理：股价走势是具有较大随机性的，即便是纯粹的技术派分析人士也承认股价在一定程度上具有随机性。从国外及国内市场中公开的资料来看，也没有人或方法能完全地预测股市走势，这对抄底也一样。所以，抄底自然就存在风险，所以我们就必须引入风险控制的概念，而仓位控制是实战中最直接的风险控制方法。

在股市中，多数投资者花费较多的时间与精力去关注股票品种的选择、介入、抛出的利润空间把握以及资金、市值的浮动上，却忽略了自己总体仓位的分布、控制。恰恰这个问题却是很重要的、有时也是致命的，对于抄底也是如此。仓位控制可以使你的利润稳定增长、实现最大化、风险始终得到控制降到最小化。资金的大小不是一个问题，学会熟练控制自己的仓位布局变化，就可以在这个市场中总是处于最有利的位置。即便有时候出现操作失误，有了一些损失，也不会置投资者于无可挽回的地步。

三、仓位控制的技巧

在抄底时，投资者用于规避投资风险的有力工具就是掌握仓位控制的技巧。尤其是当市场处于弱势行情中，投资者只有重视和提高自己的仓位控制水平，才能有效控制风险，防止亏损的进一步扩大，并且争取把握时机反败为胜。在实际操作中，投资者需要把握的仓位控制的技巧可以归纳为以下几点：

1. 资金（股票）分配比例的分仓策略

通常情况下，资金（股票）分配比例的分仓策略有等份分配法和金字塔分配法两种。所谓等份分配法，就是资金分为若干等份，买入一等份的股票，假如股票在买入后下跌到一定程度，再买入与上次相同数量的股票，依此类推以摊薄成本。而买入后假如上涨到一定程度则卖出一部分股票，再涨则再卖出一部分，直到等待下一次操作的机会来临。还有一种方法叫"金字塔买入法"，即将资金分为若干份，首先设定买卖分界点，假如股票下跌，则每下跌到一定程度再买入比上次数量多的股票，假如股票上涨，则买入份额递减的股票，依此类推。越过买卖分界点后，则开始卖出，股价上涨越多，则卖出的份额越多（如图2-1）。

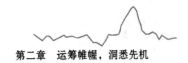

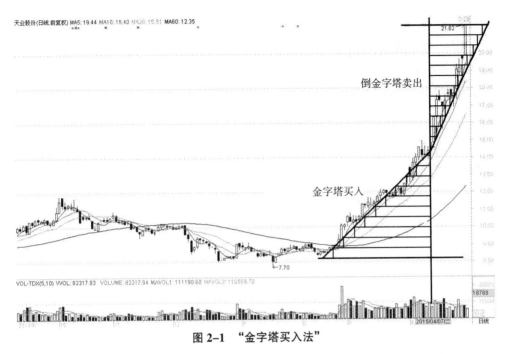

图 2-1 "金字塔买入法"

　　需要指出的是，这两种方法都比较适用于波段操作的投资者（通常追求低位买入），而对喜欢冒风险的激进型投资者就不适用了。

　　2. 持仓比例

　　当市场处于弱势时，投资者需要对持仓的比例做适当压缩，特别是一些仓位较重的甚至是满仓的短线抄底者，要把握住大盘下滑途中的短暂反弹机会，将一些浅套的个股适当清仓卖出。因为在大盘连续性的破位下跌中，仓位过重的投资者，其资产净值损失必将大于仓位较轻投资者的净值损失。股市的非理性暴跌也会对抄底的投资者构成强大的心理压力，进而影响到投资者的实际操作。而且，弱势行情中存在的不确定因素过多，在趋势并不明朗之前，为了资金安全考虑，抄底操作不要满仓操作或者重仓操作。所以，对于部分目前浅套而且后市上升空间不大的个股，要果断斩仓。只有保持充足的后备资金，才能在弱势中应变自如，注意这是说的短线抄底者，其他大级别的话，不一定要清仓，控仓就好。

　　3. 个股品种的分仓策略

　　在具体应用的过程中，投资者总能听到关于鸡蛋是放在一只篮子里还是几只篮子里的讨论，而且公说公有理，婆说婆有理。事实上，对于操作方法的选择，关键还是要看投资者自己的选择。一般情况下，确实有把握的，就该咬定一股不

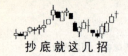
放松，如果把握不大，则应买入两三只个股（买得太多对于管理和跟踪都不方便，况且绝大多数投资者资金量也不是很大）。需要注意的是，所买的几只股票应尽量避免买重复题材或相同板块的个股，因为具有重复题材或相同板块的股票都具有联动性，一只不涨，另外的也好不到哪去（如图2-2）。

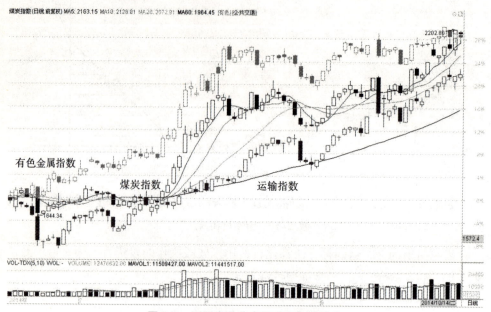

图2-2　不同品种分仓可对冲市场风险

4.仓位结构

在弱势行情中，非理性的连续性破位暴跌中恰是调整仓位结构、留强汰弱的有利时机，可以将一些股性不活跃、盘子较大、缺乏题材和想象空间的个股逢高卖出，选择一些有新庄建仓，未来有可能演化成主流的板块和"领头羊"的个股逢低吸纳。投资者一定要对这种操作方法予以重视，从实战的情形来看，它将是决定投资者未来能否反败为胜或跑赢大势的关键因素。

四、坚持足够的仓位

无论是高位重仓、满仓跟着大盘一路下跌的投资者，还是高位减仓后空仓、轻仓的投资者，当底部呈现时都需要坚持足够的仓位。投资者可以抓不住最强势种类，但不能让资金闲着。

对于保持足够仓位的理解，投资者要把握以下两点：

1. 要树立防踏空的认识

一般来讲，在"牛末熊初"，持股不动是愚笨的，那么，在暴跌曾经发作、极有可能"熊去牛来"的状况下，割肉轻仓才是更愚笨的。因此，如果投资者发现指数处于底部区域，则应树立正确的仓位概念。投资者要谨记：在一定的条件下，仓位也是硬道理（如图 2-3）。

图 2-3　牛市初期全仓买进可获巨大收益

2. 要采取防踏空的措施

当指数跌至投资者设定的点位时，就要勇敢、果断、分批地买入，添加仓位，原则上要确保"底部仓位"高于"顶部仓位"。仓位一旦确定，就要减少操作；即便要"动"，也要确保筹码能正常接回。为此，在思索卖股票时，就应作好后续买入的预备，如果投资者并没有制定出具体的买进策略，可暂停操作。等分析清晰之后，投资者可再进行操作，如此可以避免一不小心形成筹码丧失。

抄底箴言

事实上，每一个投资者的具体操作方法以及投资习惯都不同，如果投资者已经制订了仓位控制的计划，是很明智的；但是如果投资者还没有制订仓位计划，

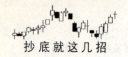

就要及时进行弥补。股市是一个高风险的投资市场，没有一个控制仓位和风险的操作方法，投资者的心态就很容易浮躁，抗风险的能力也差。一旦风险来了的时候，就很容易在恐慌中盲目地乱"割"一气，把潜力很大的一些好股票也胡乱"割"了，"割"后又后悔。一般来讲，一会空仓、一会满仓是心态不好、没有形成成熟操作计划的表现。另外，不放过任何一次操作的机会，是一种心态较为浮躁的真实写照。对于多数投资者来讲，只要抓住自己已经抓在手里的机会，把自己的总体仓位始终控制好的基础上，耐心地把机会抓好，盈利就是必然的了，风险也就会始终控制在最小范围。

招法 8　拥有足够的热情

抄底是技术活，心态很重要。无论多么科学的理论，多么高超的技术也不能保证一定能抄在底部，过早、过晚都可能会造成利益减少甚至损失，更不要说抄底错误，抄在腰上或抄在顶部。要让决策更科学，心态很重要，需要有积极的心态。热情就是一种积极的精神力量。但这种力量不是固定不变的，而是不稳定的。不同人的热情程度及其表达方式会有所不同；同样的人在不同的情况下，其热情程度和表达方式也会有所差别。总的来说，热情是人人都具有的，加以适当利用可以使之转化为巨大的能量。

在股市中，投资者要想获得长久的收益，不能没有热情，热情在于激发，要善于激发自己的热情。不能想用三分钟的热度去取得成功，今天高兴了就研究股市，明天心烦了就不管了，如果那样能成功就是天方夜谭的故事。要有持续的热情，这样投资者在成功道路上才会有持续的动力。

事实上，无论是买入还是卖出，无论是抄底还是逃顶，都需要投资者拥有足够的热情。就抄底而言，在对现有仓位的应用和市场时机的掌握上，仓位和种类确定后，假如所持筹码跌幅已大、处于深套之中，一时又无适宜的建仓种类，原则上应坚持耐性，减少操作。图 2-4 为天泽信息（300209）2015 年 6 月 1 日的走势图，6 月 1 日，天泽信息走出底部星线反转的走势图，构成"买入"时机。但在买入一天后，股价微跌。如果此时调整好心态，研判均线、量价线等指标，可发现各指标均出现"死叉"，应果断减仓。但很多股民幻想股价继续像此前那样上涨，因此普遍选择持股不动，不愿减仓，更不愿离场。结果大盘在出现宽幅震荡后持续大跌，股市上涨的逻辑被破坏。股民的心情越来越坏，在两次小反弹后，开始按照自己的预期，解读股市的走势，幻想收复失地，不少股民在小反弹后，选择补仓甚至冒险在高位抄"底"。结果股价"跌跌不休"，一路狂跌半个月，跌幅近60%。

图 2-4 底部星线反转买入信号出现后，股价不升反跌

在实际操作中，投资者要灵活把握其应用原则，一般情况下要有以下三个前提之一才可换股：确保新买入的股票在获利卖出后，能保本接回原卖出的筹码；确保新买入的股票在保本卖出后，能在获利的基础上接回原卖出的筹码；虽然原卖出的股票和新买入的股票都呈现了下跌（或上涨），但均能确保原数接回后仍有利可图。如无此把握，则应改为持股待涨，以静制动。

抄底箴言

部分投资者尤其是新入市的投资者，在具体应用的时候频频换股，以为这样

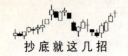

就能够获得收益，其结果往往是大失所望。其实，只要当补入的筹码呈现了盈利，操作也由僵持变得流利起来，且短线又有适宜的种类待买时，方可加大操作热情，进行短线操作，但前提是要有充沛的来由和明白的方案。

招法 9　制订止损的计划

一、止损概要

1. 止损的概念

所谓止损，是指当某一投资出现的亏损达到预定数额时，及时斩仓出局，以避免形成更大的亏损。其目的就在于投资失误时把损失限定在较小的范围内。

简言之，止损是为保护本金安全而向市场支付的保险费。止损，是股市投资中最关键的理念之一。抄底也要有止损意识，因为股市变幻莫测，再高明的投资者也难免有误判的时候，投资者必须从战略高度认识止损在股市投资中的重要意义。在高风险的股市中，首先是要生存下去，才谈得上进一步的发展，止损的关键作用就在于能让投资者更好地生存下来。

2. 止损的必要性

波动性和不可预测性是市场最根本的特征，这是市场存在的基础，也是交易中风险产生的原因，这是一个不可改变的特征。交易中永远没有确定性，所有的分析预测仅仅是一种可能性，根据这种可能性而进行的交易自然是不确定的，不确定的行为必须得有措施来控制其风险的扩大，止损就这样产生了。

止损是人类在交易过程中自然产生的，并非刻意制作，是投资者保护自己的一种本能反应，市场的不确定性造就了止损存在的必要性和重要性。成功的投资者可能有各自不同的交易方式，但止损却是保障他们获取成功的共同特征。世界投资大师索罗斯说过，投资本身没有风险，失控的投资才有风险。

二、止损的要点分析

在实际操作中，投资者在应用止损的时候把握以下几点：

1. "凡事预则立，不预则废"

设定止损价格，必须在进场时就已经确认好该止损的价格，而不是在进场后行情不利的时候再来寻找止损的价格。因为在还没进场的时候，看待市场是最客观的；而在进场前设定止损价格时，必须要能反复确认，该止损价格具有实质的意义，尤其在操作短线时，止损价格的设计，必须考量到诸多的因素方能设定。

2. 止损要与趋势相结合

趋势有三种：上涨、下跌和盘整。在盘整阶段，价格在某一范围内止损的错误性的概率要大，因此，止损的执行要和趋势相结合。在实践中，盘整可视作看不懂的趋势，投资者可以休养生息。

3. 按照止损计划严格执行

在原本设定好的止损价格到价时，就应该确实执行。在进入市场后，不断地更改止损是一件不明智的事情，在资金许可的情况下，很多时候，或许不止损可以逃过一劫，但是养成了这样的坏习惯，一次重伤足以侵蚀掉所有获利。而更重要的损失是，当投资者不断地更改你的止损，你将失去的是重新入场的心情与机会。

4. 选择交易工具来把握止损点位

这要因人而异，可以是均线、趋势线、形态及其他工具，但必须是适合自己的，不要因为别人用得好你就盲目用。交易工具的确定非常重要，而运用交易工具的能力则会导致完全不同的交易结果。

三、止损的方法

在实际操作中，用于止损的方法有很多，实战价值较高的有以下几种：

1. 最大亏损法

这是最简单的止损方法，当买入个股的浮动亏损幅度达到某个百分点时进行止损。一般情况下，这个百分点根据投资者的风险偏好、交易策略和操作周期而定，例如超短线（T+1）的可以是1.5%~3%；短线（5天左右）的可以是3%~5%；中长线的可以是5%~10%。这个百分点一旦定下来，就不可轻易改变，要坚决果断地执行。

2. 平衡点止损法

在建仓后即设立原始止损位，止损位可设在距离建仓价格5%~8%的位置。

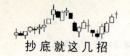

买入后股价上升，便将止损位移至建仓价，这是你的盈亏平衡点位置，即平衡点止损位。依此，投资者可以有效地建立起一个"零风险"的系统，可以在任何时候套现部分盈利或全部盈利。平衡点止损系统建立好以后，下一个目的就是套现平仓。套现平仓具有很强的技术性，但无论投资者使用何种平仓技术，随着股价的上涨，都需要对止损位置加以调整，以适应股价的改变。

例如，投资者在 10 元买入，原始止损位设立在 9.2 元，买入后股价若一路下跌，可在 9.2 元止损出场；若买入之后股价上扬，平衡点止损在 10 元附近，股票跌破即可清仓出场；若买入后价位继续上升，可即时调整止损位。如股价上升至 12 元，可将止损位调整为 11 元，价格升至 13 元，止损位也"升"至 12 元。

3. 回撤止损法

投资者在买进之后，如果股价先是经历一段时间的上涨，达到一个相对高点后再下跌，那么可以设定从相对高点开始的下跌幅度为止损目标，这个幅度的具体数值也由个人情况而定，一般可以参照上面说的最大亏损法的百分点。另外，还可以再加上下跌时间（即天数）的因素，例如设定在 3 天内回撤下跌 5% 即进行止损。事实上，回撤止损常用于止赢的情况。

4. 时间止损法

从实战的情形来看，投资大众看重的往往是空间止损，而对于时间方面的考虑则不多。所谓空间止损，是指当股价下跌至之前设定的某个价位，就止损离场。就空间止损而言，其优点是能够通过牺牲时间而等待大行情，缺点在于经过了漫长的等待后往往不得已还要止损，既耽误了时间又损失了金钱。正是因为这样，投资者需要对时间止损法予以关注和分析。

所谓时间止损法，是根据交易周期而设计的止损方法。例如，投资者对某股的交易周期预计为 5 天，买入后在买价一线徘徊超过 5 天，那么其后第二天应坚决出仓。从空间止损来看，价格或许还没有抵达止损位置，但是持股时间已跨越了时间的界限，为了不扩大时间的损失，此时不妨先出局（如图 2-5）。

5. 技术止损法

在关键的技术位设定止损可避免亏损的进一步扩大。技术止损法没有固定的模式；一般而言，运用技术止损法，无非就是以小亏赌大盈。其主要的指标：重要的均线被跌破；趋势线的切线被跌破；头肩顶、双顶或圆弧顶等头部形态的颈线位被跌破；上升通道的下轨被跌破；缺口附近被跌破。

图 2-5　5 日均线配合星线止损，持有三日卖出

对于技术止损法的应用，投资者要把握以下技术止损位的设定技巧：

（1）如果 5 日均线在高位向下跌穿 10 日均线，形成"死亡交叉"时，作为止损点。从实战的情形来讲，将均线作为止损点设定的依据是很有效的（如图 2-6）。

（2）以上升趋势线作为止损点，股价上升时往往形成一条上升通道，当股价跌破上升通道的下轨时，作为止损点，说明上升趋势可能转变。

（3）当股价突破重要压力线时，但没能站稳又重新跌破这一条线，该压力线可作为止损点，因为此次突破可能不成功或者是假突破。

（4）单边上升行情即将结束时，多种技术指标同时给出卖出信号，可作为止损点，多种技术指标同时提示卖出对于强势市场和强势股的止损功能准确度非常高，也非常有效。

（5）当 K 线图上明显出现 M 头和头肩顶形态时，应坚决止损，因此种形态出现时，往往预示着跌势开始。

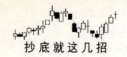
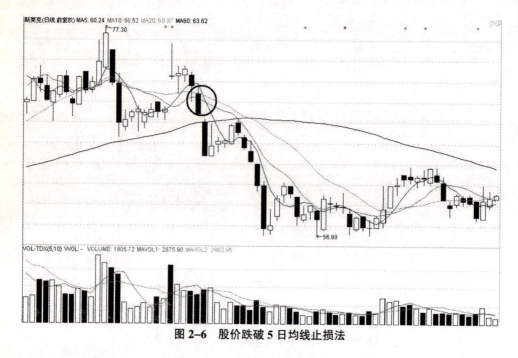

图 2-6　股价跌破 5 日均线止损法

抄底箴言

　　投资者无论是买入还是卖出，只要踏入市场并进行操作，就必须首先设置好止损水平，即卖点或回补点，从而避免一场较为严重的灾难。需要特别指出的是，永远不要抱有侥幸心理，保护性止损价位永远不能向下移动，这应作为一条最基本的原则来牢记。

招法 10　遵守严格的纪律

　　股市如同战场，每一位涉足股市的投资者都想在股市搏杀中获取胜利。可事实上取胜的只是少数人，大多数人都是失败者。这些少数取胜者，除了具有独到的投资眼光、准确的判断力等素质外，更重要的一点就是能恪守铁的纪律，这在进行抄底操作中一样重要。可以这么说，恪守铁的纪律是抄底获利取胜的法宝。

　　通过观察与分析就可以发现，造成大多数人股市失利的原因，主要是与人性

的弱点和不良习气，如贪婪、浮躁、犹豫不决、鼠目寸光、眼高手低等有关。为了克制这些人性的弱点和不良习气，人们制定了买卖戒律。换言之，所谓恪守铁的纪律就是要遵守这些买卖规则，而实际上是与人类自身作战，战胜人类自己。战胜自己，就是恪守铁的纪律的内涵。

一、不要盲目跟风

所谓跟风，是一种比较普遍的社会心理和行为现象。通俗地解释就是"人云亦云"、"随大溜"；大家都这么认为，我也就这么认为；大家都这么做，我也就跟着这么做。

在炒股的过程中，盲目跟风是最常见的一种心态。所谓盲目跟风，是指投资者在自己没有分析行情或对自己的分析没有把握时，盲目跟从他人的心理倾向。这种投资者往往是一方面对股价的狂涨狂跌起了推波助澜的作用；另一方面自己也上了那些在股市中兴风作浪的人的当（如图2-7）。

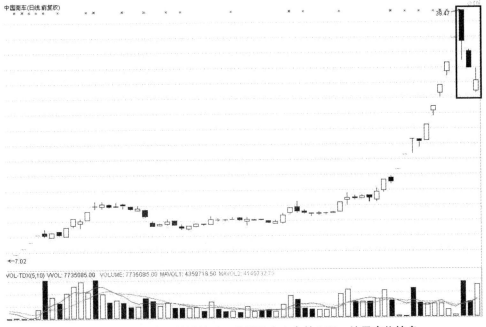

图2-7　中国南车连拉涨停后，使股民产生贪婪心理，结果高位接盘

在股市中，完全盲目跟风的投资者，获得利润的希望很小。但是，股市中每个投资者或多或少都有跟风心理。而为了避免盲目跟风，投资者要培养独立思考

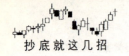

的习惯，不为股市人气所惑，提高自己对风险的心理承受能力。

二、不要逆势操作

股市中有了正确的投资理念才是关键，顺势而为是所有成功者都遵循的理念。简单而言，顺势而为就是要依照大盘或股价的运动方向进行操作，具体就是在大盘或股价上升阶段尽量低位买进，然后持股待涨不要抛出，而在大盘或股价大规模下跌阶段尽量高位卖出，然后空仓等待，不要轻易买进。即使它具有某些底部特征，也不要轻易去抄底，因为这种底的基础不牢，很可能是还没等反弹，就被汹涌而来的跌势摧毁。图 2-8 中的底就是这种逆势的"底"，谁抄在这个位置，将至少收获三个跌停板。

图 2-8 大盘向下时抄底会巨亏

事实上，由于"势"的把握较为困难，顺势而为也就并非如想象中那么简单。面对市场，最大的心理问题就是无处不在的巨大诱惑。即使在一个明确的下跌市中，也有热点题材，也有逆市飘红个股，也有连续赚钱的机会。但是，从实战情形来看，即便投资者利用逆势操作在短时间内获取收益，但所需要承担的风

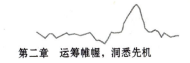

险却是极大的。可能一次失误的逆势操作，就会将之前的收益化为乌有。

三、不要贪得无厌

贪婪在股市上的表现就是在最短时间内赚很多钱。"贪"的心理在投资决策上会使投资者见小利而忘大利。由于求利心过盛，在分析市场需求和现有产品是否长期内仍然满足市场要求等方面会出现偏差，导致投资失败（如图2-9）。

图2-9 华东重机通过尾盘拉升和尾盘涨停连续诱多，贪婪的股民高位被套

从实战的情形来看，在股市中取得成功的投资者，在每一次的投资过程中，追求的是最大利益，而不是追求更大利益。这是因为最大利益是建立在深思熟虑的周密投资计划基础之上的，而更大利益则是在获取最大利益之后在远离前期计划的基础上所追求的，这就容易陷入"贪"的心理，最终会连前期的最大利益也赔进去。

四、不要犹豫不决

一般而言，犹豫不决的主要表现是在机会面前犹豫，在买入面前犹豫，在止

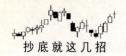

损面前犹豫，在不该犹豫的时候犹豫。越犹豫越拿不定主意，越容易错过最佳买卖点。越错过机遇，越容易犹豫，越容易出错或错上加错。

事实上，投资者之所以会有犹豫心理，其原因主要是庄家释放了自相矛盾的信息，使股民无所适从，而这些自相矛盾的信息往往是为了干扰股民的决策而有意释放的，图2-10为物产中大（600704）2015年5月14~21日的走势图，在此前的5月8~14日，股价已连续多日大涨，前景看好。但2015年5月14~21日上涨信号与下跌信号交错出现，投资者无所适从。很多人抛出股票，结果从5月22日至6月3日股票连续大涨，拉出多个涨停，2015年5月14~21日是为了清洗跟风盘。

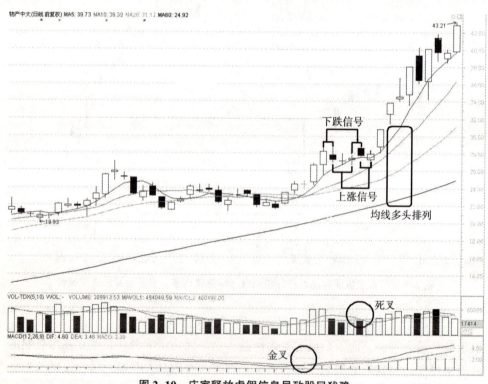

图2-10　庄家释放虚假信息导致股民犹豫

在实际操作中，犹豫心理带来的负面影响还是比较大的，所以，投资者要努力克服犹豫，克服犹豫心理的方法如下所述：

第一，要养成独立思考和严格执行操作纪律的习惯，严格执行操作环节中的风险控制方案。如果不能有效执行自己的操作规划，随时随地地否定自己的投资设想，将很容易出现投资失误。

第二，要让预期目标发挥辅助作用，不能完全听命于预期。

第三，股市投资需要有长远眼光。对趋势的研判要立足于长远，要认清大势所趋，只有当市场趋势从长远看是向好的时期，才是投资者获利的最佳阶段。

五、不要轻信传言

我国股市带有明显的消息市特征，作为投资者不能不关注股市里的各种消息。但是，让许多人始料不及的是，无论是真消息还是假消息，也无论是利好消息还是利空消息，都可以成为坑人的陷阱。利好消息可以成为出货的陷阱，利空消息可以成为震仓的圈套。对于股市里各种真真假假的消息、虚虚实实的传闻，投资者不能不多个心眼，慎之又慎。

通常情况下，股市中的传言可以分为以下几种：

1. 传闻、传言

来自媒体对一些专家（也包括上市公司负责人）非正式的访谈，某些人士会从中透露出对尚未正式出台的法规条文、政策的看法，对经济形势的个人见解，等等。这类消息如果属实，确实可以为投资者的投资决策提供很大帮助，但如果不加分辨，一概相信，难免要吃大亏。

2. 预测、估计

主要是一些股评家、分析家发表的对股市甚至某只股票前景的看法、估算，另外还有一些部门领导人非正式场合的估算。这类消息有一定的借鉴意义，但也不可盲目跟从。

3. 市场上的谣言

这类消息往往来无影，去无踪，如某某超级大户做某某股的庄，消息灵通人士说某某股有重大利好等。不明究竟的散户很容易相信并立即买进，对于这类谣言，一定要保持高度的警惕（如图2-11）。

在实际操作中，如果投资者仅依据市场传言进行操作是不明智的。在利用传言进行操作之前，一定要对传言的真实性予以判断：首先，投资者应弄清楚传言的来源。如果来源较为正规，则可靠性较高，但投资者也需要结合其他方面进行综合分析。如果来源并不明确，则其可信度将大打折扣。其次，当传言出现的时候，看股价是处于低位、中位还是高位。如果股价处于底部，极有可能是庄家保

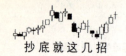

　　2015 年 3 月 30 日，一则并没有得到央行正面回应的消息"央行下午三点半召开新闻发布会，将重磅发布降低二套房首付比例"引爆股市，地产股直线飙升。招商地产等 10 只个股封死涨停板。

图 2-11　消息对股价的影响

密不严走漏风声。如果股价已大幅拉高，又成了配合庄家出货散布的假消息，在判断时可以参照成交量的变化以及股价在各个位置的形态变化。最后，如果投资者对于传言的真实性无法判断，可以在市场刚传出此类谣言时立即少量买入，并密切关注。一旦有拉高放量出货的迹象，不论是否获利，也应立即平仓，消息证实时即使被浅套，也应卖出。

六、不要频繁操作

　　事实上，炒股最重要的事情就是对大势进行分析与判断。当大势向好时，要积极做多；大势转弱时，要空仓休息。然而，很多投资者却并非如此，他们不管股市冷暖，都不停地劳作，像勤劳的蜜蜂一样，为了蝇头小利而忙忙碌碌。他们这样做，不仅会劳而无功，而且还会因此遭遇到更多的风险。在股市中，投资者要学会审时度势，根据趋势变化，适时休息，这样才能在股市中准确地把握应该参与的机会。需要说明的是，休息并不等于完全退出股市。在股市调整休息阶段，投资者仍有必要对两市行情给予相当的关注，仍有必要拜读证券报刊，仔细研究上市公司的各种报告，因为休息也是为了给下一回合的博弈做好准备。股市之道，有涨有跌，炒股之道，有进有退。要休息好、休整好，更要为未来的参与做好

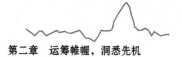

准备。

抄底箴言

　　股市充满着不确定性和风险，风险时常与机遇为伴，投资者要客观认识风险和收益的关系，在做好充分的准备，保持理性思维的前提下，严格遵守纪律，获取稳健的收益。

第三章　胸有成略，胜券在握
——抄底策略面面观

招法 11　基本面分析抄底

抄底，不但要分析底在哪里，还要分析底有多大、多长，底的基础牢不牢，尤其是抄大底，肯定是要进行基本面分析的。

一、基本面概要

1. 基本面的概念

所谓基本面，包括宏观经济运行态势和上市公司基本情况。大体上讲，基本面涉及所有会影响一家公司投资价值变动的数据和资讯。与技术分析依赖股票的交易信息和历史表现来指导操作不同，基本面分析注重最本质的公司质地的研究，基于对公司经营的全面了解，估算出公司股票的内在价值，再对照当前股价决定买入或卖出。

2. 基本面分析

一般而言，基本面分析集中考察导致价格涨、落或持平的供求关系。在实际操作中，基本面分析者为了确定某股的内在价值，需要考虑影响价格的所有相关因素。所谓内在价值，就是根据供求规律确定的某股的实际价值，它是基本面分析派的基本概念。如果某股内在价值高于市场价格，称为价格偏高，就应该卖出；如果市场价格低于内在价值，叫作价格偏低，就应买入。

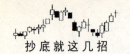

二、影响基本面分析的主要因素

通常来讲，能够对基本面分析产生影响的因素主要有以下几点：

1. 经济因素

（1）宏观经济状况。从长期和根本上来看，股票市场的走势和变化是由一国经济发展水平和经济景气状况所决定的，股票市场价格波动也在很大程度上反映了宏观经济状况的变化。

在炒股的过程中，投资者经常会听到这样一句话："选股不如选时，选时不如选势。"这里的时与势就是指宏观经济形势。不同的投资主体有不同的行为目的和行为方式。要提高证券市场投资报酬并尽可能降低投资风险，无论是发行人、管理人还是投资人，除了对证券市场投资有丰富的知识和经验外，还应当对整个宏观经济环境有深刻而全面的了解。

从国外证券市场历史走势不难发现，股票市场的变动趋势大体上与经济周期相吻合。在经济繁荣时期，企业经营状况好、盈利多，其股票价格也在上涨；反之，经济处于衰退期时，企业的经营状况惨淡，基本上没有盈利，其股价就会随之下跌。然而，股票市场的走势与经济周期在时间上并不是完全一致的，通常股票市场的变化要有一定的超前，因此股市价格被称作宏观经济的"晴雨表"（如图 3-1）。

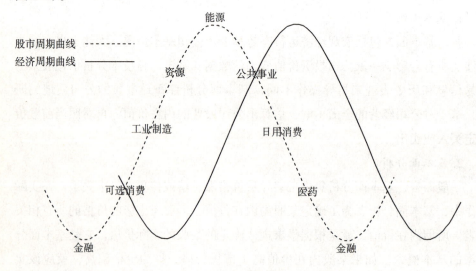

图 3-1　各经济周期股票投资品种

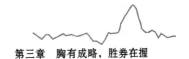

客观来讲，经济周期是由经济运行内在矛盾引发的经济波动，所以，它并不会因为人们的意志而发生改变。股市直接受经济状况的影响，必然也会呈现一种周期性的波动。经济衰退时，股市行情必然随之疲软下跌；经济复苏繁荣时，股价也会上升或呈现坚挺的上涨走势。根据以往的经验，股票市场往往也是经济状况的"晴雨表"。

（2）利率的变动。利率，就其表现形式来说，是指一定时期内利息额同借贷资本总额的比率。利率是单位货币在单位时间内的利息水平，表明利息的多少。目前，所有国家都把利率作为宏观经济调控的重要工具之一。当经济过热、通货膨胀上升时，便提高利率、收紧信贷；当过热的经济和通货膨胀得到控制时，便会把利率适当地调低。因此，利率是重要的基本经济因素之一。

在金融因素中，市场利率水平的变动对股市行情的影响最为直接和迅速。一般来讲，利率下降时，股票的价格就上涨；利率上升时，股票的价格就会下跌。但两者之间这种反向运动并不绝对化（如图3-2）。

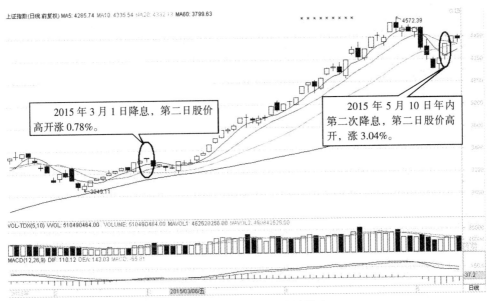

图3-2　利率调整对股价的影响

（3）汇率的变动。所谓汇率，亦称"外汇行市或汇价"，是国际贸易中最重要的调节杠杆。一国货币兑换另一国货币的比率，是以一种货币表示另一种货币的价格。由于世界各国货币的名称不同，币值不一，所以一国货币对其他国家的

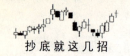

货币要规定一个兑换率，即汇率。

一般情况下，外汇行情与股票价格有密切的联系。如果一国的货币是实行升值的基本方针，股价便会上涨，一旦其货币贬值，股价即随之下跌。因此，汇率的变动对股市价格的变化也会产生较大的影响。

(4) 通货膨胀

所谓通货膨胀，是指在纸币流通的条件下，市场货币供给量超过了流通中所需要的货币量，而引起的货币贬值、物价上涨的经济现象。纸币流通是通货膨胀存在的基本前提，货币供给量过多是通货膨胀产生的根本原因，而货币贬值、物价上涨则是通货膨胀的表现形式。

通常来讲，在通货膨胀初期，由于货币增加会刺激生产和消费，使企业的盈利增长，从而促使股票价格上涨。但通货膨胀到了一定程度时，将会推动利率上扬，从而促使股价下跌。国际收支发生顺差，刺激本国经济增长，会促使股价上升；而出现巨额逆差时，会导致本国货币贬值，股票价格一般将下跌。

具体地说：

1) PPI 反弹，CPI 稳定阶段的抄底个股。首先是有色金属迅速反弹，带动上游的资源和能源板块反弹。CPI 的稳定也刺激了消费板块在弱市中的稳定。但很多资源行业的产能依旧是过剩的，因为整个产业链的需求端口尚未被打开。对中国来说，打开需求的产业端口通常都是房地产、汽车和基建，每一轮都莫不如此。所以这个阶段房地产板块和有色金属、煤炭等板块一直是表现最好的板块，可抄底。

2) PPI 横盘，CPI 逐渐启动阶段的抄底个股。资源和能源经过反弹已经积累大量风险，在产能过剩的环境下，上升空间不大。于是 PPI 将在冲高后发生一段时间的横盘，在这一段时间，CPI 经过缓慢的积累和流动性的转移，逐渐超过 PPI。

这一段时间，资源和能源板块等大盘蓝筹股常在初期出现冲高回落，从而带动整个大盘的调整。但是房地产、汽车和基建的需求周期开始发酵，因而中游的建筑建材、化工、机械、农业等周期性行业表现不俗，可抄底。

值得注意的是，接下来，因为市场的转好，投资类的板块投资收益增加，保险以及参股证券公司的板块也接着受益。

3) CPI 加速超过 PPI 阶段的抄底个股。这一阶段，CPI 加速，而中游重工业

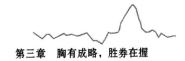

加速消化库存，尤其是钢铁和有色金属部门。此时，扩张性的货币和财政政策开始全面启动，带动了整个国民经济，因而消费、出口、轻工制造业如消费品、制造业等行业表现出色，可抄底。

4）PPI再次加速，超过CPI，通胀终结阶段的个股表现。中游重工业经过库存消化，开始进入扩张阶段。重工业个股表现较好，这是整个通胀的高潮阶段，PPI重新走上前台，超过CPI，乐观的情绪鼓励着人们重新把新周期中的财富投入到虚拟资产之中，这反过来增加了资源、能源和金融行业的"泡沫"，并导致其最终崩溃。

2. 政治因素

所谓政治因素，是指对股票市场发生直接或间接影响的政治方面的原因，如国际政治形势、政治事件、国家之间的关系、重要的政治领导人变换、国家间发生战事、某些国家发生劳资纠纷甚至罢工风潮，等等，这些都会对股价产生巨大的、突发性的影响。这也是基本面中应该考虑的一个重要方面。

（1）国际形势的变化。如外交关系的改善会使有关跨国公司的股价上升。投资者应在外交关系改善时，不失时机地购进相关跨国公司的股票。

（2）战争的影响。战争使各国政治经济不稳定，人心动荡，股价下跌，这是战争造成的广泛影响。但战争对不同行业的股价影响又不同，比如，战争使军需工业兴盛，凡是与军需工业有关的公司的股价必然上涨。因此，投资者应适时购进军需及其相关工业的股票，售出容易在战争中受损的行业的股票。2015年5月21日，美国助理国务卿拉塞尔发表关于中国南海问题的挑衅性言论，中国强硬回应，中国军工股自5月21~26日连续大涨。表3-1为2015年5月25日部分军工股的涨幅排行榜。

（3）国内重大政治事件。如政治风波等，会对股票产生影响。先对股票投资者的心理产生影响，从而间接地影响股价。

（4）国家的重大经济政策。如国家的发展战略、产业政策、税收政策、货币政策对股票价格有重大影响。从2014年开始，建设"一带一路"列入国家战略，相关概念股迎来长期利好，并多轮大涨，表3-2为"一带一路"战略所涉行业国际业务占比一览表。

3. 企业因素

股票自身价值是决定股价最基本的因素，而这主要取决于发行公司的经营业

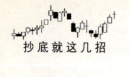
抄底就这几招

表 3-1 2015 年 5 月 25 日军工股的涨幅排行榜

	代码	名称	涨幅%	现价	涨跌	买价	卖价	总量	现量	涨速%	换手%	今开	最高	最低	昨收	市盈(动)	总金额	量比
1	600178	东安动力	10.02	13.84	1.26	13.84	—	185292	20	0.00	4.01	12.50	13.84	12.25	12.58	—	2.44亿	1.08
2	002046	轴研科技	10.01	17.80	1.62	17.79	17.80	223519	4915	8.00	6.56	16.03	17.80	15.60	16.18	—	3.73亿	1.41
3	601989	中国重工	10.01	17.04	1.55	17.04	—	1069万	40	0.00	5.95	15.38	17.04	15.23	15.49	202.96	175.5亿	1.35
4	600184	光电股份	10.01	33.86	3.08	33.86	—	138355	1	8.00	3.30	30.72	33.86	30.12	30.78	1535.01	4.52亿	1.51
5	002190	成飞集成	10.01	56.07	5.10	56.07	—	166890	281	0.00	4.83	52.00	56.07	51.96	50.97	517.35	9.09亿	0.97
6	600038	中直股份	10.01	77.73	7.07	77.73	—	238395	1	0.00	6.07	69.75	77.73	68.00	70.66	185.19	17.9亿	1.34
7	600990	四创电子	10.01	105.99	9.64	105.99	—	31956	4	0.00	2.34	93.37	105.99	92.51	96.35	3665.14	3.30亿	0.72
8	000738	中航动控	10.00	38.50	3.50	38.50	—	548572	709	8.00	4.79	34.90	38.50	34.14	35.00	491.85	20.5亿	1.83
9	000768	中航飞机	10.00	39.50	3.59	39.50	—	122.4万	676	0.00	4.94	35.77	39.50	35.30	35.91	—	47.4亿	1.74
10	600118	中国卫星	10.00	68.77	6.25	68.77	—	704974	8	0.00	5.96	61.00	68.77	60.40	62.52	334.40	46.6亿	1.17
11	600677	航天通信	9.99	19.82	1.80	19.82	—	1684	2	0.00	0.04	19.82	19.82	19.82	18.02	—	334万	0.01
12	600316	洪都航空	7.87	47.84	3.46	47.85	47.86	361978	67	0.31	5.05	43.90	48.57	43.38	44.38	17514.17	16.8亿	1.14
13	600855	航天长峰	7.73	46.84	3.36	46.83	46.84	233398	46	0.47	7.07	42.68	47.27	41.80	43.48	—	10.6亿	1.03
14	600893	中航动力	7.64	72.82	5.17	72.88	72.90	282187	5	0.55	2.60	67.40	73.22	66.00	67.65	—	20.0亿	1.35
15	600901	航天科技	7.25	78.80	5.33	78.80	78.81	188644	1567	0.06	5.83	73.40	80.30	68.53	73.47	—	14.6亿	1.23
16	000733	振华科技	6.61	30.18	1.87	30.18	30.19	269680	2553	-0.06	6.28	27.92	30.50	27.60	28.31	146.91	7.89亿	0.99
17	600435	北方导航	6.59	57.43	3.55	57.46	57.47	350819	32	-0.05	4.71	53.00	57.99	52.00	53.88	1177.21	19.6亿	1.10
18	000343	航天动力	6.45	37.44	2.27	37.44	37.45	478177	45	0.13	8.31	34.20	38.23	32.50	35.17	1224.68	17.5亿	0.99
19	300114	中航电测	6.02	55.12	3.13	55.12	55.21	22259	228	-0.14	1.43	50.98	56.40	49.37	51.99	240.43	1.20亿	0.81
20	002013	中航机电	5.64	43.05	2.30	43.04	43.05	168560	3183	0.04	5.75	40.79	44.47	40.79	40.75	—	7.23亿	1.21
21	002265	西仪股份	5.21	19.59	0.97	19.59	19.60	75612	829	0.05	2.60	18.30	19.85	18.10	18.62	—	1.46亿	1.05
22	002025	航天电器	5.17	40.91	2.01	40.90	40.91	176538	1322	0.26	5.35	38.00	41.55	36.98	38.90	67.29	7.05亿	1.20
23	600391	成发科技	4.82	73.65	3.39	73.69	73.80	151490	13	-0.04	4.59	69.70	75.00	68.00	70.26	—	11.0亿	1.35
24	002297	博云新材	4.60	26.61	1.17	26.61	26.62	324205	3878	0.18	8.92	24.96	27.51	24.01	25.44	—	8.40亿	1.28
25	002179	中航光电	4.40	49.12	2.07	49.12	49.13	120387	1136	0.44	2.71	46.00	49.98	45.80	47.05	68.14	5.81亿	1.38
26	000099	中信海直	4.09	22.66	0.89	22.66	22.67	403002	5198	0.22	6.65	21.59	22.88	21.12	21.77	95.70	8.98亿	1.27
27	600501	航天晨光	3.48	30.04	1.01	30.02	30.04	230531	6	0.40	5.92	27.80	31.00	27.52	29.03	407.29	6.87亿	1.24
28	600353	旭光股份	3.47	25.61	0.86	25.57	25.63	167676	125	0.39	6.17	24.38	26.10	23.77	24.75	259.46	4.22亿	0.92
29	600271	航天信息	1.47	82.91	1.20	82.89	82.90	156971	14	-0.09	1.70	80.70	85.59	79.00	81.71	60.03	13.0亿	0.87
30	300034	钢研高纳	0.27	43.90	0.12	43.89	43.90	134360	1207	-0.15	4.21	42.88	45.48	41.00	43.78	171.92	5.86亿	1.10

表 3-2 "一带一路"战略所涉及行业国际业务占比一览表

行业	股票	国际业务占比（2013 年数据仅供参考，部分企业后又切入国际业务）(%)	市值（亿元）
基建	中工国际	96.75	241
	中材国际	57.97	167
	中钢国际	27.69	97
	中国电建	25.80	832
	葛洲坝	19.04	458
	中国交建	17.05	2073
	中色股份	5.79	175
	中国建筑	5.68	2016
	中国中铁	4.04	1980
	中国铁建	3.62	1801
高铁	中国北车	7.82	1799
	中国南车	6.56	1905
机械	达刚路机	76.71	45
	振华重工	71.99	256
	三一重工	29.92	701
	柳工	19.5	138
	徐工机械	17.54	351

054

续表

行业	股票	国际业务占比（2013 年数据仅供参考，部分企业后又切入国际业务）（%）	市值（亿元）
机械	厦工股份	11.42	107
	中联重科	7.31	477
能源开发	中色股份	5.79	194
	中国中冶	5.65	923
油气设备	江钻股份	22.63	101
	杰瑞股份	18.88	355

绩、资信水平以及连带而来的股息红利派发状况、发展前景、股票预期收益水平等。对于具体的个股而言，影响其价位高低的主要因素在于企业本身的内在素质，包括财务状况、经营情况、管理水平、技术能力、市场大小、行业特点、发展潜力等一系列因素（如图 3-3）。

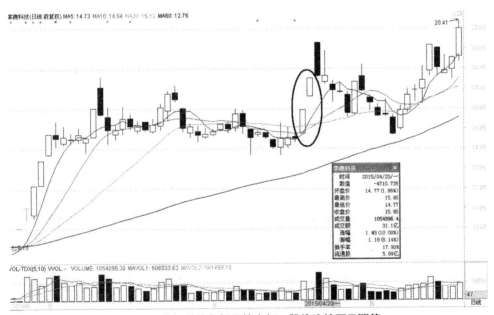

图 3-3 掌趣科技年报业绩良好，股价连续两日涨停

4. 行业因素

行业在国民经济中地位的变更，行业的发展前景和发展潜力，新兴行业引来的冲击等，以及上市公司在行业中所处的位置、经营业绩、经营状况、资金组合的改变及领导层人事变动等都会影响相关股票的价格。

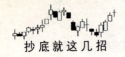

5. 人为操纵

在正常的股票市场上，能操纵股价的往往不是个人，而是一个大集团，如某些金融巨头运用资金实力，在市场上兴风作浪，推波助澜，促使某些股票在市场上时而狂涨，时而暴跌。图3-4为天润控股（002113）2014年12月至2015年4月的K线图，底部是通过人为的两个跌停做出来的，底部平滑，股价调整也非常规则，基本无大的涨跌，此后股票突然停牌。待复牌后，股价连封涨停迅速脱离底部区域。

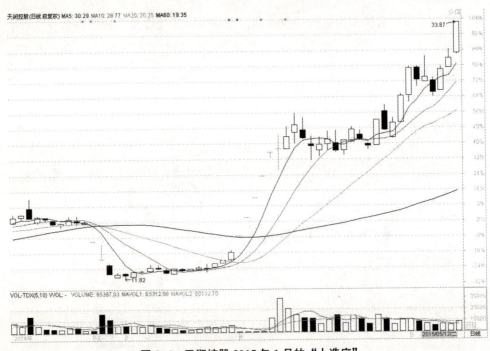

图3-4 天润控股2015年1月的"人造底"

对于投资者来讲，对待人为操纵的最好方法是不要盲目跟进，认真地研判股市大势，做到"任凭风浪起，稳坐钓鱼船"。

6. 心理因素

投资者在受到各个方面的影响后产生心理状态改变，往往导致情绪波动，判断失误，做出盲目追随大户、狂抛抢购行为，这往往也是引起股价狂跌暴涨的重要因素。

抄底箴言

事实上，在最初的股市，大家买股票是买该股的未来前景，所以需要收集该企业基本面资料，比如这家公司身处何地，这家公司所在行业前景如何，这家公司在行业中的地位，它的市盈率是多少？每股净资产是多少？这些都是上市公司的基本面。有人认为基本面分析才是研究股市动向最科学的方法，也有人认为股市完全由资金推动，研究资金技术面才是根本，这两个分析领域都有杰出的投资家和投机家，所以，投资者应对基本面分析与技术面分析都熟练掌握，并且根据不同的投资周期采取不同的投资策略。

招法 12　技术面分析抄底

在市场上，抄底最忌讳的是抛弃了最客观的技术研判标准，而用想象和情绪来代替炒股理念。对抄底而言，技术分析是必修课。

一、技术面概要

1. 技术面的概念

所谓技术面，是指反映股价变化的技术指标、走势形态以及 K 线组合等。

技术分析的伟大之处就在于，利用这些最直接、最公开的资料，就可以得到一种可靠的操作依据。技术分析的最终意义不是去预测市场要干什么，而是市场正在干什么，是一种当下的直观。

2. 技术面分析

一般来讲，技术分析主要研究市场（或股票）的供求关系。技术分析者通过对价格的运动规律、成交量、变化模式等的研究，并以图形的形式反映这些指标的运动特征，来试图估计当前市场行为的可能效果或者某种证券的未来供求状况。

事实上，对于技术面的分析通常存在着三个假设前提：市场行为包容一切信息；价格变化有一定的趋势或规律；历史会重演。

（1）市场行为包容一切信息。"市场行为包容消化一切信息"构成了技术分析

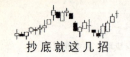

的基础。技术分析认为，能够影响某种商品价格的任何因素——基础的、政治的、心理的或任何其他方面的，实际上都反映在其价格之中。这个前提的实质含义是价格变化必定反映供求关系，如果需求大于供给，价格必然上涨；如果供给大于需求，价格必然下跌。供求规律是所有经济预测方法的出发点。反言之，只要价格上涨，不论是因为什么具体的原因，需求一定超过供给，经济层面必定看好；如果价格下跌，经济层面必定看淡。

（2）价格以趋势方式演变。从一般意义上说，趋势就是市场何去何从的方向。但是，为了在应用中更为方便，对于趋势应有更加明确的概念。通常情况下，市场不会朝任何方向直来直去，市场运动的特征就是曲折蜿蜒，它的轨迹酷似一系列前赴后继的波浪，具有相当明显的峰和谷。所谓市场趋势，正是由这些波峰和波谷依次上升或下降的方向所构成的。无论这些峰和谷是依次递升，还是依次递降，或者横向延伸，其方向就构成了市场的趋势。

在技术分析中，趋势概念是核心。技术分析的本质就是顺应趋势，即以判定和追随既成趋势为目的。从"价格以趋势方式演变"可以自然而然地推断，对于一个既成的趋势来说，下一步常常是沿着现存趋势方向继续演变，尽管趋势会在演进的过程中修正，但掉头反向的可能性较小。也就是说，当前趋势将一直持续到掉头反向为止（如图3-5）。

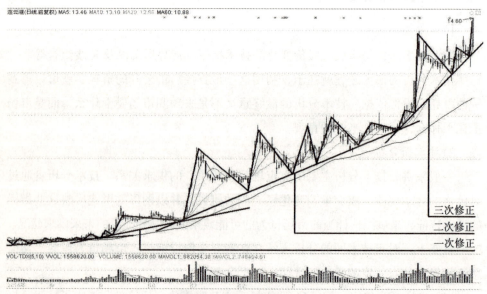

图3-5　股价的趋势分析

（3）历史会重演。

"历史会重演"强调打开未来之门的钥匙隐藏在历史里，或者说将来是过去的翻版。技术分析与市场行为学、人类心理学有着千丝万缕的联系。举例来讲，价格形态通过一些特定的价格图表形状表现出来，而这些图形表示了人们对某市场看好或看淡的心理。既然它们在过去很管用，就不妨认为它们在未来同样有效，因为它们是以人类心理为根据的，而人类的心理从来就是"江山易改，本性难移"。

二、技术分析的方法

在实际操作中，技术分析的主要方法有以下几种：

1. 技术指标法

按照事先规定好的固定方法对证券市场的原始数据进行处理，处理后的结果是某个具体的数字，这个数字就是技术指标值。将连续不断得到的技术指标值制成图表，并根据所制成的图表对市场进行行情研制，这样的方法就是技术指标法。

在技术分析中，技术指标法是一种极其重要的分析方法。事实上，大约在20世纪70年代之后，技术指标逐步得到流行。目前，证券市场上的各种技术指标数不胜数。例如，相对强弱指标（RSI）、随机指标（KD）、趋向指标（DMI）、平滑异同移动平均线（MACD）、能量潮（OBV）、心理线（PSY）、乖离率（BIAS）等。这些都是很著名的技术指标，在证券市场应用中长盛不衰。而且，随着时间的推移，新的技术指标还在不断涌现。图3-6为利用均线、均量线、MACD等三个指标的"金叉"确定底部，即通常所说的"三金叉见底"。由图例可见，"三金叉"基本覆盖了这只股票的底部区域，从概率上研判，有很强的科学性和准确性。

客观来讲，由于有了计算机这一工具，在具体的操作中，投资者没有必要也不可能用"手工"计算技术指标。技术指标已深入到每一个投资者的心里，进行证券投资操作的人都有一套自己惯用的技术指标体系。

2. K线分析方法

所谓K线分析法，是通过制图手段，将证券市场行为具体体现在一系列的图表上，其研究手法是侧重若干天的K线组合情况，推测证券市场多空双方力量的对比，进而判断证券市场多空双方谁占优势，是暂时的，还是决定性的

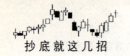

（如图 3-7）。

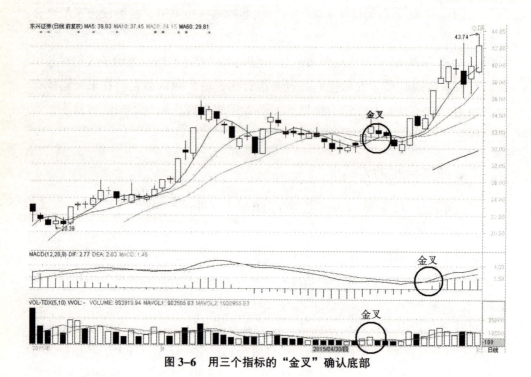

图 3-6　用三个指标的"金叉"确认底部

图 3-7　用底部倒山形三阴线 K 线组合确认底部

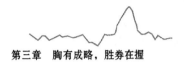

在技术分析中，K线图是非常重要的一种图标分析方法。一般情况下，某一日的K线形态有十几种，若干天的K线组合种类就无法计数了。

3. 切线分析方法

目前，在绝大多数股票分析软件中都有画线功能，通过在走势图上画线来了解行情发展趋势和个股买卖时机。这种方法被称为"切线分析"，相比其他分析方法，切线更加注重行情的时间与空间因素，而没有注意上市公司的基本面情况，在这方面切线理论是不能代替基本面分析的。事实上，切线分析主要用于对操作时机的把握。投资者都知道选时的重要性，一只好的股票，如果买进的时机不对，则有可能导致投资亏损；而一只不好的股票，如果买对了时机，则有可能获取丰厚的利润。从一定意义上说，股票的好坏是相对的概念，而选择正确的介入时机是盈利的捷径。而切线分析恰恰解决了选时和判势的问题（如图3-8）。

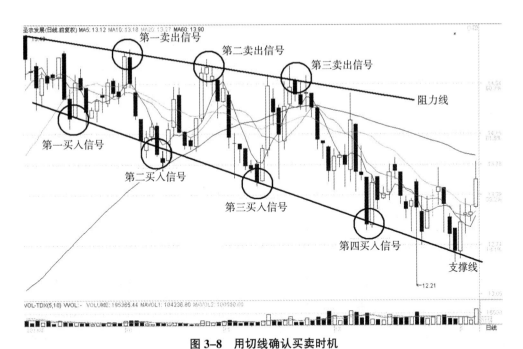

图3-8　用切线确认买卖时机

就切线的作用来讲，能够动态地确认股票价格的下跌支撑线与上涨阻力线（或压力线）。这两条切线的方向显示着股价的走势，并限制着股票价格的波动范围。一般情况下，股价是在由阻力线和支撑线构成的运行通道内持续波动，而一旦股价有效地冲破原切线，就预示着既有趋势在方向或空间上的变化，支撑线与

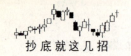
阻力线会发生转化。有些具体的切线分析方法更为复杂一些，但其分析原理是相近的。切线分析派重视对股价运行基本空间的把握（如图3-9）。

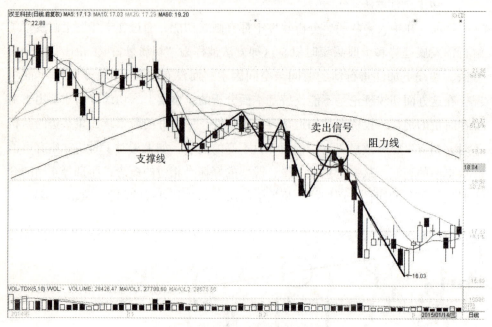

图 3-9　支撑线与阻力线的转化

需要说明的是，切线并等同于画线，切线技术涉及趋势理论、周期理论、波浪理论、黄金分割理论、江恩理论、形态理论等。在实际操作中，正确地画线是建立在扎实的理论基础和先进的投资理念上。

4. 形态分析法

所谓形态分析法，其实是依据股票价格图表中过去一段时间走过的轨迹形态来预测股票价格未来趋势的方法。技术分析第一条假设告诉我们，市场行为包括一切信息。价格走过的形态是市场行为的重要部分，是证券市场对各种信息感受之后的具体表现，用价格图的轨迹或者说形态来推测股票价格的将来是有道理的。从价格轨迹的形态中，可以对市场的发展做出一个大致判断，从而为之后的买卖操作提供一定的指导（如图3-10）。

股票形态分析是技术分析体系中的基础，其他技术分析也包括各种图形分析，区别只是这些图形的取样已不再是原始的价格数据，而是经过数据处理了的以至指标化了的价格数据，因此，其他技术分析是形态分析的变形、复杂化和理

图 3-10 顶部倒 "N" 字形确认顶部小底

性化，形态分析的一些基本方法也往往被用于其他技术分析。

5. 波浪理论

波浪理论是较为典型的股价循环周期理论的具体化，它把股价的上下变动和不同时期的持续上涨、下跌看成是波浪的上下起伏。波浪的起伏遵循自然界的规律，股票的价格运动也就遵循波浪起伏的规律。简单地说，上升是 5 浪，下跌是 3 浪。波浪理论较之于别的技术分析流派，最大的区别就是能提前很长时间预计到行情的底和顶。然而，波浪理论这一技术分析方法的难度也是有目共睹的（如图 3-11）。

总之，上述五种技术分析方法从不同的角度对股市进行了分析，有的注重长线，有的注重短线；有的注重价格的相对位置，有的注重绝对位置；有的注重时间，有的注重价格。

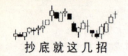
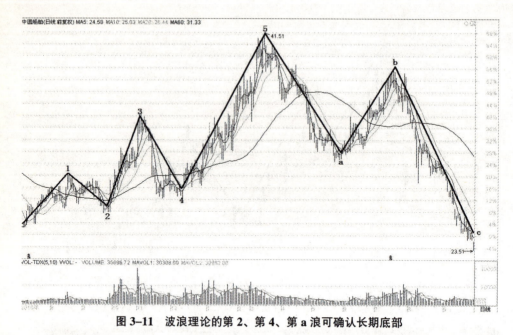

图 3-11　波浪理论的第 2、第 4、第 a 浪可确认长期底部

抄底箴言

　　市场是有规律的，但市场的规律并不是显而易见的，需要严格分析才能得到。更重要的是，市场的规律是一种动态的，在不同级别合力作用下显示出来的规律，企图用一些单纯的指标、波段、波浪、分形、周期等预测、把握，只可能错漏百出。但只要把这动态的规律在当下的直观中把握好、应用纯熟，踏准市场的节奏，并不是不可能的。单凭对技术分析的精通与资金管理的合理应用，就完全可以长期有效地战胜市场，对于一般的投资者来说，如果你希望切实参与市场之中，这是一个最稳定可靠的基础。

招法 13　成交量分析抄底

　　在抄底的技术分析过程中，股价的走势图，特别是日 K 线图极容易被庄家所利用，制造骗线的图形。所以单纯的股价走势分析有很大的弊端。而量价分析双管齐下，是发现主力动作的"照妖镜"，让主力动作无处遁形，让抄底有的放矢。

一、成交量概要

所谓成交量，是指当天成交的股票总手数（1手=100股）。一般情况下，成交量大且价格上涨的股票，趋势向好。成交量持续低迷时，一般出现在熊市或股票整理阶段，市场交投不活跃。成交量是判断股票走势的重要依据，对分析庄家行为提供了重要的依据。投资者对成交量异常波动的股票应当密切关注。其中，总手为到目前为止此股票成交的总数量，现手为刚刚成交的那一笔股票数量，单位为股或手。

二、成交量的表现形式

就成交量的表现形式来讲，主要有以下几点：

1. 缩量

所谓缩量，是指市场交投表现为相对比较清淡，大部分人对市场后期走势认同度较高。而它一般是与前面的成交量相比较而得出的一个增减概念，包括横向缩量、纵向缩量、单日缩量和阶段性缩量（如图3-12）。

图3-12　缩量确认底部

　　具体来讲，缩量形成的主要原因如下：第一，市场中的多数投资者并不看好后市，场中的卖压较重；第二，市场中的多数投资者都看好后市，买进的人很多。事实上，缩量一般发生在趋势的中期，大家都对后市走势十分认同。下跌缩量，碰到这种情况，应注意观察，等量缩到一定程度，进入底部区域，开始放量上攻时再买入。同样，上涨缩量，碰到这种情况，就应坚决买进，坐等获利，等股价上冲乏力，有巨量放出的时候再卖出。

　　一般情况下，如果当日成交量低于前一日成交量10%以上，为缩量。如果当日成交量低于或高于前一日成交量10%以内，则称之为平量。对于前日换手率原本就很大，如换手率10%以上，而当日成交只是缩小了10%，但绝对换手仍较大，那么，这种横向放量一般不能简单地称为缩量，只有纵向缩量至日换手率在3%以下才有意义。

　　2. 放量

　　所谓放量，是指放大了成交量，比如平常每天成交量是几百万手，突然有一天成交量达到几千万手。放量是代表了这只股票会出现行情，涨或跌那就要具体分析。放量往往是与前面的成交量相比较得出的一个增减概念，也包含有横向放量、纵向放量、单日放量、堆量等概念（如图3-13）。

图3-13　底部放量上涨

一般情况下，放量往往会出现在市场趋势发生的转折点处，市场各方力量对后市分歧逐渐加大，在一部分人坚决看空后市时，另一部分人却对后市坚决看好；一部分人纷纷把家底甩出，另一部分人却在大手笔吸纳。事实上，放量相对于缩量来说，有很大的虚假成分，控盘庄家利用手中的筹码大手笔对敲放出天量，是非常简单的事。对于投资者来讲，如果投资者对庄家的意图判断清楚，也可以反将计就计，从而达到自己的目的。

对于放量的界定，通常是这样的：当日成交量高于前一日成交量10%以上。对于前面换手率原本就很小（1%以下），而当日成交只是放大了10%，但绝对换手仍较小，那么这种横向比较放量一般不能简单地称为放量，只有放量至日换手率在3%以上的纵向放量才有意义。

3. 地量

所谓地量，是指成交量呈现出极度缩小的状态，表明盘中交易相当清淡，成交很不积极，这种情况一般出现在股价经过一波长期下跌的底部区域。在出现地量的同时，股价也是在相当小的幅度内波动（如图3-14）。

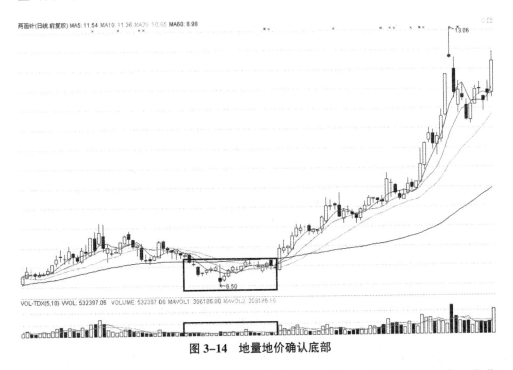

图3-14 地量地价确认底部

在实际操作中，如果股价在底部区域横盘整理时出现地量成交的现象，往往

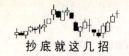

标志着庄家把筹码锁定得比较牢固，庄家通过让股价长时间地处于低迷的走势，借以清洗盘中的浮动筹码，同时也不断地收集筹码，为后期的坐庄打基础。一般情况下，此走势出现之后，股价往往会在较长一段时间之内处于低迷走势。在这种情况下，投资者不能急于介入，而是要等到股价启动时再入场。当然，中长线投资者此时可以适当地分批建仓。

从实战情形来看，地量在股价即将见底时出现得也很多。一只股票在经过一番炒作之后，总有价值回归的时候。在其漫漫下跌途中，虽然偶有地量出现，但很快就会被更多的抛压淹没，可见此时的地量持续性极差。而在股价即将见底时，该卖的都已经卖了，没有卖的也不想再卖了，于是，地量不断出现，而且持续性较强。如果投资者在此阶段介入，只要能够经受住时间的考验，通常都会有所收获。

另外，需要说明的是，实战中地量只有日换手率在0.5%以下以及周换手率在2%以下才有意义。

4. 天量

所谓天量，是指一段历史时期中的最高成交量，并远远大于最近一段时间里其他的成交量。天量一般是在上涨后期的快速上涨阶段，市场交投非常活跃，参与者众多，从而造成成交量巨大的现象（如图3-15）。

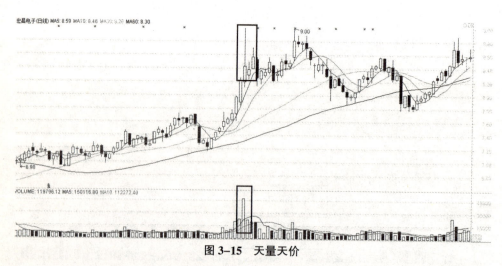

图3-15　天量天价

成交量形态分析认为，天量之后就会出现天价。股价处于高位时，早期入场的投资者已获利丰厚，他们通过最后的快速上涨来卖出股票。在赚钱效应及利好

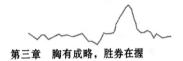
消息的诱惑下，又有许多投资者买入，从而造成高换手率和巨大成交量。但是，已卖出股票的人，不会在更高的价位买回股票，多头力量大幅下降，随着多方力量的枯竭，短期内将造成股价见顶，因此才有"天量天价"的说法。

一般而言，当打开历史走势图的时候，对于天量的判断自然很简单。然而，在具体操作的时候，在成交量出现大幅放大之时及时判断成交量水平是否属于天量并不容易。因为往往有时候一个历史纪录的成交量出现了，可能过不了几天会更大。事实上，对于天量的判定，最关键的还是需要依靠分析者本身的市场经验，从以往经验可以总结出，天量出现时通常都具备以下几个条件：天量出现之前股价已经出现连续上涨，且上涨的幅度很大，目前价格已经高企；股价进入飙升末期，连续大幅上扬后出现上涨乏力；市场人气鼎沸，交投异常活跃，利好传闻到处乱飞；成交活跃度非常大，换手率连续数日保持在10%以上。

5. 堆量

所谓堆量，是一种有序的成交量温和递增，堆量反映出的是健康的上涨形态。从"庄家市"的角度讲，当庄家意欲拉升时，常把成交量做得非常漂亮，几日或几周以来，成交量缓慢放大，股价慢慢推高，成交量在近期的K线图上，形成了一个状似土堆的形态，堆得越漂亮，就越可能产生大行情。相反，在高位的堆量表明庄家已不想玩了，在大举出货（如图3-16）。

图3-16 堆量

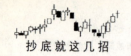
6. 巨量

所谓巨量，是指股价在运行过程中突然放出巨大的成交量，一般当天放出的成交量至少是前一天的两倍以上。无论是在股价运行的底部区域，还是在股价上涨的中途，或者是在股价上涨的高位区域，都会出现这种巨量成交的现象。但不同位置出现巨量成交，其表达的市场意义也是不一样的。盘整过程中低位放巨量，往往是股价见底的标志，投资者可留心观察后续走势，择机买入（如图3-17）。

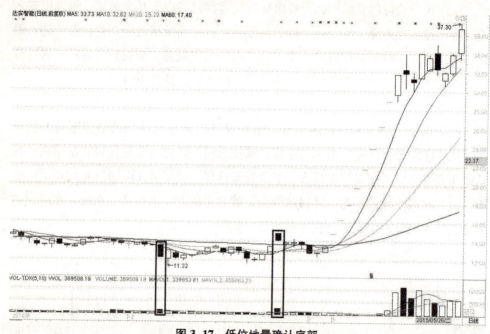

图3-17　低位地量确认底部

在股价变化的过程中，成交量也有各种变化。但是，多少算放量，多少算缩量，实际上并没有一个可以遵循的规律，也没有"放之四海而皆准"的绝对数据，因此，不可机械套用放量、缩量的概念。另外，所谓的"天量天价，地量地价"，只是相对某一段时期而言的，具体的市场含义则需要看当时的盘面状态以及股价所处的位置，才能够真正确定未来可能的发展趋势。

三、成交量的应用分析

在股市中，成交量是一种供需情况的具体表现。股票的投资价值得到普遍认

同，市场中就会人气旺盛，交易频繁，成交量自然增加；反之，成交量必然萎缩。在利用技术分析研判股价变动趋势时，若不将成交量的变动考虑在内，必会削弱预测的准确性。因此，观察价格波动的同时，必须关注成交量的变动。

一般情况下，成交量大，代表交投活跃，可视其为热门股。对于投资者来讲，在关注成交量变化的同时，也需要关注成交金额的变化。事实证明：观察成交金额的变化，比观察成交手数更具意义，因为成交手数并未反映股价涨跌后所应支出的实际金额（如图 3-18）。

图 3-18　突放巨量，后市值得关注

另外，从形态分析的角度考虑，底部是由形态构造的，但成交量起了一个关键性的作用，无论是缩量也好、放量也好，都必须要有个规律，比如逐波缩量、温和放量都是向好的量变过程，但如果放量不规则或者涨的时候成交量很大但却没有涨多少，无论任何形态都有下跌的可能。

抄底箴言

需要强调的是，量虽是价的先行，但并不意味着成交量决定一切，在价、量、时、空四大要素中，价格是最基本的出发点，离开了价格其他因素就成了

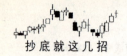
"无源之水"、"无本之木"。成交量可以配合价格进行研判,但决不会决定价格的变化,对于这一点要有清醒的认识,不要被伪说法所蒙蔽。

招法 14　集中投资操作法

股票林林总总,投资于哪种股票?实践告诉我们,股票的底是可以通过价值分析发现的。股票投资中存在着"价值洼地",即不管它的 K 线图如何,它处在价值层面的底部。抄底要选择少数几种可以在长期拉锯战中产生高于平均收益的股票,将大部分资本集中在这些股票上,不管股市短期跌升,坚持持股,稳中求胜。简言之,集中持股,长期持有。这也是巴菲特惯用的投资策略。

投资集中于价值被低估的股票之所以能够获得稳定的回报,主要有两方面的原因:首先,集中投资策略有助于减少投资者的认知偏差;其次,该策略能够运利用价值投资的理念获利。

在抄底中使用集中投资法的具体步骤:首先选择几家(10~15 家)在过去投资回报高于一般水平的公司。相信这些公司有很高的成功率,而且,能够继续将过去的优秀业绩保持到未来。如果一家公司经营有方,管理者智慧超群,它的内在价值将会逐步显示在它的股票价值上。评估这样的公司主要看他是否遵循如下几个原则:

1. 企业原则

这家企业的经营理念应当简单易懂;具有持之以恒的盈利能力,并具有良好的发展前景。

2. 管理原则

管理层应当理智,管理层对股民应当忠诚,并拒绝机构的跟风做法。

3. 财务原则

注重权益回报而不是每股收益,计算股东收益,寻求高利润的公司,公司每保留 1 元钱要确保创立 1 元钱的市值。

4. 市场原则

企业估值是否会被大打折扣,以便低值买进。

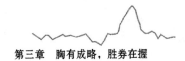

　　然后将你的投资按比例分配，将大头押在高概率的股票上。按照巴菲特的原则，保持股本原封不动至少5年，教会自己在股价的波动中沉着应对，顺利过关。

　　在中国，这种投资回报高于一般水平的公司其实也并不少，如据《证券日报》市场研究中心统计，截至2015年4月8日，收盘价（复权后）超过2007年"6124点"当日收盘价（复权后）10倍以上的股票有15只，分别为平潭发展、华数传媒、三安光电、华夏幸福、棱光实业、中航资本、金证股份、国中水务、广弘控股、国海证券、金螳螂、浪潮信息、恒生电子、顺发恒业和国睿科技。其中，平潭发展最新收盘价（复权后）已达"6124点"时股价（复权后）的49.05倍，位居第一名。股价（复权后）超过"6124点"个股股价（复权后）1倍的个股有507只，恒立实业、达安基因、鹏欣资源、冠豪高新、康美药业、中源协和、东华软件、西南证券、新华联、同方国芯、中天城投、远光软件、阳光城等13只个股相比6124.04点时的股价涨幅达8倍以上。这些股票都适合采用巴菲特的集中投资操作法。图3-19为股价已达上证指数最高点"6124点"49.05倍的平潭发展（000592）的K线图。

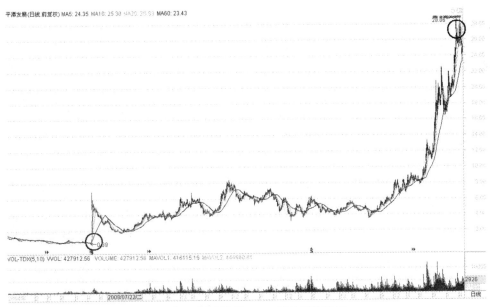

图3-19　股价增长49.05倍的平潭发展

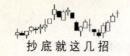
抄底箴言

集中投资的关键点：

（1）对公司进行深入分析，而这一分析需要大量的精力和时间。

（2）需要克服导致投资决策偏差的心理作用，保持清醒的头脑，在别人狂热时谨慎，在别人恐慌时大胆，换句话说，就是利用部分投资者的心理、行为偏差获利。另外，为避免可获得性偏误，一旦经过分析做出投资决策，不要仓促改变决定。要时刻谨防一些生动的、新异的新闻、消息和故事，影响自己的投资决策，更不要成为情绪的俘虏。

（3）成功的投资者应该具备以下四项心理品质：①在投资过程中，能时刻控制自己的贪婪和狂热。②要有耐心。③要有信心。④要勇于承认错误。

招法 15　概率博弈操作法

概率博弈操作法是通过 K 线和诸多指标，把某件事情发生的概率描述在图表及各种形态中，帮助投资者判断抄底买入和卖出的机会。当然，还要加上止盈止损线的设置。因为技术分析方法的发明者知道，这只是一个博概率的过程。"当出现这种形态后，我知道上涨的概率是 80%。如果错了，请在损失 10% 前止损。每次都这么干，我知道赢的次数一定比输的多，然后再确定一个合理的止盈线把整个过程结束。"很多技术分析大师都是这样教导投资者的。

股市的概率性来自三个方面，第一，由于股市信息是不完美的，对股民来说，市场当前处于什么状态是一种概率，对未来的计算自然也带有概率性。第二，即使有一位股民，掌握了最丰富、最快捷的信息渠道，并且有正确的分析方法和足够强大的计算机帮助他完成对巨量信息的处理，使他能非常准确地把握市场的状态，但他仍然不可能准确预测未来的走势。因为股市是多方竞局，竞局中有巨量的参与者，精确计算各方的策略组合和自己的相应对策是不可能的，这又是引入概率性的一个因素。第三，博弈中的统计计算也是不稳定的。因为股市是现实博弈，每个人的操作还会受到生活中各种事情的干扰，因而每个人的行为都

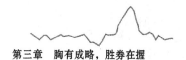

有不确定性。股市中，由于每个人的操作都具有比较大的不确定性，所以，市场总体上也不存在稳定的规律。

概率博弈操作法主要用于长线抄底，长线投资选股范围可包括基金重仓股、基本面好、有成长性、业绩好的绩优股，影响国民经济发展的大型国有上市公司、行业龙头等。永远不要满仓，股价上升时卖出股票，下跌时买进股票。

具体建仓方法：选定股票后，在它的日 K 线图上寻找三个价格支撑点。买进时，只动用资金的 1/8 或 1/16，不跌破支撑点不要加仓。在跌破支撑点后要两倍加仓。

当股票上升时一定要卖出股票，从最低点处每上升 4% 就要开始卖出 1/4；逐步向上卖，每一次都能卖到最高点。当股价下跌时一定要买回股票，并逐步向下买进，每一次都能买到最低点。当股票有了盈利，并在下跌后向上升时再两倍加仓（如图 3-20）。

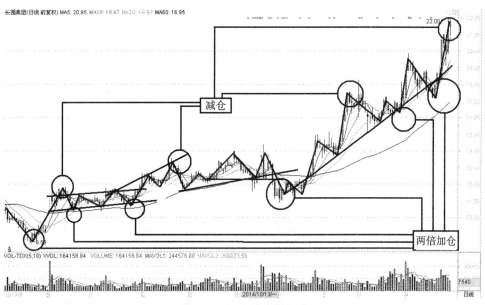

图 3-20　概率博弈操作法

抄底箴言

概率博弈操作法也可用于短线投资。为了提高成功的概率，建议大家用资金加倍入市的方法。在决定资金被分次数时，首先根据以往的炒股经验，确定技术指标发出错误信号的概率。如果以前你按照技术指标买进，四次中有三次都不

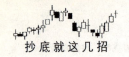
准，那么资金就应该分成 2 的 3 次方=8 次。如果你的资金有 32 万，第一次就 4 万买进，若股价不升反降，说明第一次入市失败；当下跌 4%时，一定要卖出全部股票止损等待二次机会。

招法 16　前置分析抄底法

所谓前置分析抄底法，就是从分析股票的特质入手，发现尚未启动的牛股，在合适的点位介入。在抄底过程中，牛股是指一段时间内涨幅非常大、利润非常可观的股票，股市里习惯被人们叫作牛股。一般情况下，牛股都有远景题材，业绩良好，震幅弹性较强。

在实战中，具有发展空间与潜力的牛股一般需要具备以下条件：第一，在历史上没有被大幅炒作过。第二，股价经长期下跌形成较长的底部箱体。通过对股票的走势进行观察可以发现，部分股票在上市之后处于"滞胀"状态。在诸多非系统性因素（如经营管理与财务状况不佳等）的影响下，这些个股在受其公司本身基本面问题或因政策面影响等形成的系统性风险综合压力下，长期处于下降通道中并形成很大跌幅，而在现阶段已处于跌无可跌时，其股价在一个相对较低区域形成底部筑底箱体。第三，在底部构筑过程中，成交量出现规律而有序的变动。当一些个股向下调整到极限位（即跌无可跌）时，股价会在一个相对稳定和平衡区域形成盘整区。如果该类个股要成为未来大牛股，首先庄家需要在该盘区内悄然进场低吸筹码，而庄家进场的各种信号就会通过盘面反映到市场中。所以，投资者在捕捉牛股的时候可以从成交量上入手。需要说明的是，有些庄家喜欢悄无声息地吸纳，在低位时并无明显的放量现象。这些个股上升过程中明显的特征是成交萎缩，甚至越往上涨成交量越小。第四，底部区域庄家控盘程度达到 50%以上。庄家在一个相对的底部区域开始逐步吸筹，其控盘的比例一旦达到流通盘的 50%以上，那么该股就具备翻倍的能量。通常情况下，专家控盘程度越高，则股票后市的涨幅往往也越高。第五，60 日、120 日和 250 日均线走平并黏合或交叉向上，这是从技术上研判大牛股的一个重要指标。三条中长期均线在底部走平或黏合，说明机构在底部已获取大量的筹码，机构的中长期成本已降到较

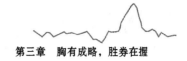

低的水平，一般持仓比例不达到30%以上，均线不会出现该种形态（如图3-21）。

图 3-21　60 日、120 日、240 日均线走平、黏合确定强势牛股底部

事实上，牛股在启动之前会表现出一定的特征，这也是众多抄底者一直在寻找的特征。在股市交易过程中产生了众多寻找牛股的方法与技巧，但没有百分百正确的，只是提高了成功的概率。

就大牛股来讲，其在启动之前一般会出现以下特征：首先，较大的卖单被打掉。尽管交易清淡，但总会有一些较大的卖单出现。这些卖单的价位一旦离成交价比较近，就会被主动性的买单打掉，这就是庄家拉升前的征兆。其次，盘中出现一些非市场性的大单子，而且不止一两次，挂单的价位距离成交价较远，往往在第三价位以上，有时候还会撤单，有一种若隐若现的感觉。另外，盘中出现脉冲式上冲行情。所谓脉冲式上升行情，是指股价在较短的时间内突然脱离大盘走势而上冲，然后又很快回落到原来的位置附近。最后，大盘稳定，个股盘中出现压迫式下探走势，但尾市往往回稳。这种走势比较折磨人，盘中常常出现较大的卖压，股价步步下探，但尾市却又往往回升。

在具体操作的时候，如果投资者发现某股的控盘比例已达到50%以上，三条

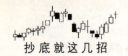

中长期均线在底部走平或黏合，股价首次放量站上 120 日均线，为牛股启动信号，也是最佳的买入点位。而且，股价启动后，只要多空能量不出现逆转（高位主动性卖盘持续增加就是逆转），股价还没翻倍就一路持有，不做短差价。如果多空能量出现逆转，在高位空头能量持续堆积且股价跌破长期上升趋势线是出局的信号，此时，投资者就应该及时卖出离场。

抄底箴言

需要强调的是，谨防牛股盛极而衰，这是"抄底"时首先需要注意的。另外，牛股的存在与牛股的发现是两回事，发现牛股是每个投资者苦苦探求的，的确又是件十分困难的事，毕竟大牛股凤毛麟角。

招法 17　主动买套抄底法

抄底最忌讳整天研究个股，不停进行委托，委了又撤、撤了又委，拿着资金捏捏放放。一转眼，指数涨了一两百点，手头资金颗粒无收。每一个入市的投资者都是冲着赚钱来的，但是对于大多数的普通投资者来讲，就是要赚清清楚楚的钱，要得明明白白的利润。所谓"清清楚楚的钱"，其实就是可以看得见摸得着的利润。

在那些赚大钱的投资者中，有一种方法叫作"主动买套"法，这看起来有点荒唐，其实是稳健盈利的最高境界。所谓主动买套，就是在大盘接近底部的时候先行买入，随着大盘的波动可能有被套的风险，但是这种被套是短期的、暂时的，是投资者对好股票率先下手锁定目标的积极行为，一旦投资者的股票启动，就可以随时卖出获利，而不需要苦苦等待"低点"再进去了（如图 3-22）。

如果投资者买了一只有高送配题材且是庄家没有出货迹象的股票，那么就可以在一个可以接受的价格区域内买入，然后耐心持有，中途不管别的股票怎么上涨，人家怎么给"内部消息"，都不要动摇，一直等到该股发布高送配的除权登记日，股价走出抢权或者填权的上涨行情为止。再比如，某股有着基本面利好政策的预期（如新能源扶持政策和主业经营项目的提价预期），就耐心等着这种政

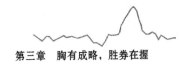
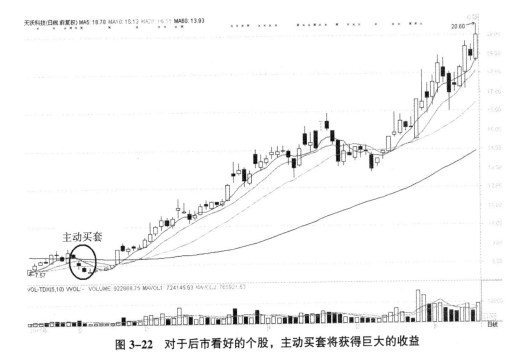

图 3-22　对于后市看好的个股，主动买套将获得巨大的收益

策的出台。一天不出台，就一天继续持有，直到出台爆发的那一天到来。这就叫作炒清清楚楚的股票，赚明明白白的利润。

抄底箴言

投资者在进行抄底的时候，脚踏实地永远比好高骛远所收获的利益要多。面对别的股票上涨，最有效的方法不是挑三拣四，追涨杀跌，而是采取"积跬步以至千里"的战术，选好潜力股票，逢低买入持有，保持乐观心态，做到泰然处之。这种看似不起眼、收益也不大的"积跬步以至千里"战术，正是一些成熟理性的投资者能在每一个大底中顽强坚守、赖以生存，并在新一轮牛市里取得投资收益爆发式增长的奥秘所在。

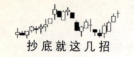

招法 18　选旧弃新抄底法

在抄底操作中，投资者存在这样一个偏好：买一只、抛一只，扔一只、换一只，人性"喜新厌旧"的特征常常暴露无遗。特别是在盘整过程中，当看到其他股票不断上涨，而又担心自己所持股票价格下跌的情绪影响下，就会对手中盘整的股票生厌，对已经获利的股票往往会轻易抛弃。一部分抄底者认定长线持股，但在实际操作中总感觉所持个股上涨缓慢，频繁抛弃盘整之股，追逐强劲上涨之股。这种做法在大盘行情偏弱的情况下并非明智之举。因此，认定长线持股就要耐得住寂寞，熬得住盘整。长期的投资实践表明，股票不会永远只涨不跌，盘整一个阶段再涨的例子数不胜数。既然做长线就要寻找低迷的时候逢低介入，并且在获利的时候不见异思迁和喜新厌旧。频繁"开新仓"危害极大，不仅会失去身边的牛股，而且"触雷"的概率成倍增加。

抄底应选择自己熟悉的股票，也就是应喜旧厌新，而不是喜新厌旧。如果是自己不了解、不熟悉的东西，只是听别人说了好，就立刻买了，往往后悔的多。炒股也是熟能生巧，喜旧厌新的好处是很多的，投资者长期炒作某只股票时，往往能十分了解其股性。股性，又称"股票的市场表现"，是指个股价格对大市变动的敏感程度，即股票的活跃程度、弹性程度，其可用"β系数"来表示。股性是股票的一种外生特征，它是由投资人行为所赋予的，但成为股票相对稳定具有的一种特性。一种股票进入流通市场后，往往会有一些特别的经历；或者被恶炒而大败，留下一大批套牢筹码；或者多次飙升而让许多投资人大获其益；或者有长期庄家照看；或者筹码分布与众不同；等等。股票特殊的市场经历会建立特殊的市场基础和市场形象，因而在市场竞争中也会形成特殊的市场表现，它对股票价格的定位与变化有极强的作用。只有熟悉该股股性的投资者，才能在它有限的波动区间中获取差价。相反，由于不熟悉该股股性，在它调整时不敢补仓；在它稍有上涨时就急忙卖出。那么，即使这是一匹黑马，投资者也很难从中获利。

长期跟踪一只股票，对庄家的操盘风格和操盘思路，对股票的规律更有深刻的体悟，抄底更容易成功。图 3-23 为 2014 年 12 月至 2015 年 3 月雅克科技

（002409）的走势图，表现出极强的规律性特征，利于长期跟踪的股民抄底操作。

图 3-23　做熟悉的股票更易把握股票的规律性特征

投资者要做到百战不殆的中心要诀就是熟。用自己最熟悉的投资技巧，在自己最熟悉的市场环境中，炒作自己最熟悉的股票，这样就可以在市场实际操作中立于不败之地。

抄底箴言

与其提心吊胆地去追陌生的股票，不如放心踏实地拿着熟悉的股票。在许多情况下，"咬住青山不放松"要比"频繁换股开新仓"强许多。因此，对于曾经高抛的股票，不妨吃吃"回头草"，抓住逢低吸纳的机会，在适当低位再把它们买回来。

招法 19　分批抄底买卖法

在实战中，分批抄底买卖法得到了多数投资者的青睐，而很多实战案例也表明，分批抄底买卖法是一种风险较小的操作方法。所谓分批抄底买卖法，是指股

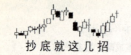

价跌到一定程度后，投资者开始进入股市分批购进；而当股价上扬到一定高度后，则开始将持有股票予以分批售出。

从本质上来讲，分批操作是顺应股价波动规律，求得稳健平均利润。在股市中，存在着这样一种说法：只买一种股票不是投资，而是赌博；一次性满仓也不是投资，同样是赌博。由这个评价，可见分批操作的重要性。

事实上，分批操作是基于克服人性的优柔寡断弱点而应运而生的一种投资方法。一般而言，投资者都愿意买在最低价并卖在最高价。然而，真正能做到这点的投资者却很少。通常情况下，在股价下跌到可以入市购进时，许多投资者还认为股价会继续下跌，仍然持币待购；而待股价强劲反弹上来时，又后悔莫及，坐失入市良机。当股价上涨到应该脱手时，还认为股价会继续上扬，而待股价下跌时，不仅卖不出好价钱，有时甚至还难脱手。分批操作克服了只选择一个时点进行买进和卖出的缺陷。由于分批抄底买卖法进行的是多次买进和多次卖出，当股价下跌到某一低点时，投资者就可以毫不犹豫地予以购买。同样，当股价涨至某一高点时，投资者也不会因贪心而舍不得卖出，因为即使股价继续上涨，投资者仍可能通过不断卖出获利，不会错失良机。

就抄底而言，没有人会精确地预测出真正的底在哪里会出现，所以，为了资金的安全，分批抄底较适宜，即事先设好计划，每当大盘和个股下一台阶，就买入一定数量的目标品种，直至预期中的底部出现，完成全部建仓。

一般来讲，分批抄底时先买谁、后买谁要视个股表现而定，一般情况下，首批买入的是先于大盘和个股调整、打算买入的品种中跌幅最大的股票，第二批、第三批买入时，依次类推（如图3-24）。

投资者在应用分批操作法进行抄底的时候，需要把握以下两点：第一，在价位上要拉开档次，价位和价位之间要有一定距离。不拉开档次，分批操作没有太大意义。第二，要有批量，或者说要控制批量。分批操作，并不意味着分批越多越好，并不是听任资金在不同价位上漫无目标地波动。操作的前提，是对公司投资价值或市场趋势有了清晰的看法，这样，出手就应该有一定的批量，而不是只买卖一点点。通常情况下，将资金分为三到四个大的批量可能比较合适。

在投资者抄底之后，如果大盘与个股走出上涨行情，表明抄底是成功的。此时，对中长线投资者来说，无论大涨或小涨，都可以持股不动，耐心持有、静观其变；对于坚持波段操作的投资者来说，可以找高点分批获利了结，变账面盈利

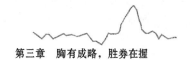

物产中大(日线 前复权) MA5: 5.94 MA10: 5.82 MA20: 5.90 MA60: 6.70 [上证指数]

第一批买入

第二批买入

第三批买入

第四批买入

第五批买入

VOL-TDX(5,10) VOL - VOLUME 31341.24 MAVOL1: 30979.20 MAVOL2: 30396.80

2011/12/22 四

图 3-24　分批抄底买卖法

为实际收益，待大盘和个股再次回落，再行二次抄底。但是，如果投资者抄底结束之后，大盘与个股不涨反跌，投资者就可采取越跌越买策略，直到抄底完成。

抄底箴言

需要说明的是，实战中的分批操作的理想状态是针对目标股的全方位操作。投资者对目标股的挑选会非常精心，研究会比较透彻。如果选定了长期投资的目标股，最好同时对它进行中线和短线操作，这样，既不错过企业成长的机会，也不错过市场波动的机会。在实际操作中，即便出现了"失误"，也可在长线、中线和短线的资金分配上做灵活的调节。只要选到了好的目标股，只要对主趋势的判断没有差错，这种组合式操作是稳健获利的有效途径。

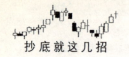
招法 20　正差抄底买卖法

从实战的情形来看，衡量"抄底"是否正确的首要标准便是"正差抄底"。"逃顶"之后，大盘和个股可能涨也可能跌。如果出现上涨，说明投资者的判断是错误的，既然不给机会，就不"抄底"，唯有耐心等待。如果出现下跌，说明投资者的判断是正确的，寻找适当的机会低价买回来即可。

客观来讲，无人知道"底"在哪里，因此，只要"抄底"时大盘的点位和个股的价格比"逃顶"时低，即为"正差"。做到了高卖低买，无论什么时候"抄底"都不算错。

大盘指数代表的是上市股票加权平均形成的一个指数，以基点 1000 点为基数，点位代表股市整体在上涨和下跌中的位置，纯粹的点数没有意义，需要综合对比点位才有意义（如图 3-25）。

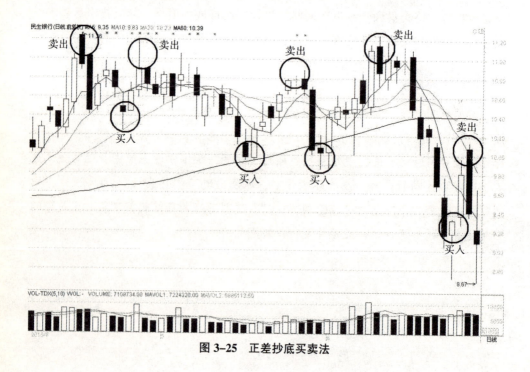

图 3-25　正差抄底买卖法

抄底箴言

需要强调的是，无论以哪种方式介入，抄底后大盘和个股都有继续下跌甚至大跌的可能。对此，每位参与抄底的投资者都要有充分的思想准备，制定必要的应对措施并严格执行。比如，高位逃顶后采取正差抄底的投资者可以持股不动，用算账来宽心：若既未逃顶又未抄底，算一下资金有多少；逃顶后又抄底，这一卖一买，资金又是多少。二者一比，抄底对错便见分晓。

招法 21　固定比率投资操作法

在抄底时，投资者按照事先拟订的计划比率，将资金投放于股票，并确定好股票投资资金的市价变动幅度百分比。当股票价格上升达到这个百分比时，就出售股票的增值部分用来购买债券以维持拟订比率；当股价下跌到预定的百分比时，就出售相应数量的债券用来购买股票以维持拟订比率。

在选择股票时，也应该进行收益与风险不等的各种股票进行组合，一部分考虑保护性，选择低风险的股票；另一部分注重进取性，选择收益可能较高的股票。这种方法在持续上升或下跌行情中同样可能丧失应得利益及降低持股风险的机会。

例如，某投资者的投资资本为 4 万元，以 60% 和 40% 的固定比例分别投资于股票与债券，设定当股价上升或下降幅度达到 10% 时，则卖出股票、购进债券或抛出债券、买进股票，从而使股票总值及债券总值所占总投资金额的百分比保持不变。若两个月后，股价总额上涨到 2.88 万元，超过了固定比率 20%，上涨幅度大于 10%，则卖出 0.22 万元股票，而买进等额的债券，使得股票与债券总额占总投资的比例保持不变。若再过两个月，股票市价下跌至 2.3 万元，而债券总值由 1.82 万元涨至 2.0 万元，则卖出 0.28 万元债券，而买进 0.28 万元股票，此时股票总值及债券总值分别为 2.58 万元和 1.72 万元，其各自的比例仍保持不变。

使用这种投资方法能够较灵活地适应股市的转换周期，从而保证投资者能部分地享受到普通股价值的长期增长。

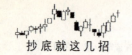

固定比率投资法基本上是固定金额投资法的变形。它与固定金额投资法的区别是固定金额投资法是要维持固定的金额，并不注意股票总额与债券总额在总投资中的比率，而固定比率投资法则只考虑在一定的总投资额中维持债券金额与股票金额的固定比率。至于两者的比率确定则取决于投资者对前景的预期和个性偏好。

如果投资者喜欢冒险，富于进取，则他投资股票的份额就可能要大些；如果投资者比较稳健，则他投资于债券的份额就可能很大，相应地投资于股票的份额就较小。

固定比率投资法的优点在于即使股票损失惨重，但因债券的收益相对稳定，因此不至于把本钱赔光。但由于固定比率一经确定就不宜轻易改变，因此，它是一种比较保守的投资策略，容易丧失一些较好的投资机遇。

抄底箴言

使用固定比率投资法谨记如下简易口诀：
固定金额和比例，
简单省时又省力。
大盘蓝筹是首选，
坚持不懈定盈利。

招法 22 固定金额投资操作法

投资者在抄底操作时，按照事先拟订的计划，将投资股票的资金数量确定，同时制定一个该数量的百分比额度。当股票价格上升达到这个百分比额度时，就出售股票的增值部分用来购买债券；当股价下跌到预定的百分比额度时，就出售相应数量的债券用来购买股票。这种方法不需要对股价的短期趋势进行判断，只要关注每天的股价进行调整即可，但在持续上升或下跌行情中可能承担丧失应得利益或减少持股风险的机会，并导致股票、债券资金分配比例失衡。

例如，某投资者将 10 万元资金投资于有价证券，其中，6 万元资金投资于

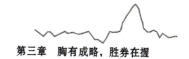

进攻型（攻击型）资产——股票，4万元资金投资于防御性资产——债券，并且将投资于股票的资金总额按变动的市价予以固定。当所购股票市价增至7万元时，则售出超过固定金额的1万元，使股票市价总额仍保留6万元的固定水准上。若购股票的市价降至5万元，则出售部分债券，购进相当于1万元的股票，使之保持6万元的股价市值水准。

固定金额投资计划法的优点是容易操作，不必过多顾及投资的时机问题，对于初涉股市的新手来说，不失为可供选择的投资技巧。而且，由于这种投资方法奉行了"低进高出"的投资原则，在一般情况下能够确保盈利。

但如果所购多头合约的行情是持续上升的，投资者不断卖出进攻型合约后就容易丧失更多的获利机会。同样，如果持续下跌，由于投资者要不断出售防御型合约来补进进攻型合约，以维持事先确定的进攻型合约价格总额，从而会失去进攻型合约继续下跌后以更低的价格购进该合约的机会。所以，固定金额投资计划法在两种情况不适宜采用：一是涨势不衰的多头市场；二是跌风难遏的空头市场。

抄底箴言

固定金额投资法就是"投资三分法"的另一种解释。它是投资者将手中的现金分为三个等份，比如30万元，分别用于等额投资证券、存入银行和购买债券。假设他投资的期限为三年，在这个投资过程中，如果证券上涨超过100%，则将获得的10万元利润取出，转入银行存款，保持投资证券的金额不变。如果后来证券下跌50%，则从银行存款中取出5万元转入证券，以保证证券有10万元的市值。如果后来证券又下跌50%，则他再取出5万元以补足市值。再后来证券上涨了100%。则他的金融资本不考虑银行利息及债券利息，总共为40万元，收益率高达到33%。如果他在三年的投资过程中，将30万元资金全部投入股市，其间经历上涨100%、中间两个下跌50%再上涨100%以后，市值仍为30万元，收益率为0。

第四章　量体裁衣，按图索骥
——K 线抄底的经典组合

招法 23　K 线抄底

K 线不仅可以应用于股票市场中，同时也可应用在其他投资市场中，K 线是技术分析者最常用的分析工具。无论是技术分析还是基本面分析，都应该会看 K 线，这是抄底操作最基础的常识。识别 K 线和 K 线组合信号是阶段性抄底的必备基础。

一、K 线的概念

所谓 K 线，是由开盘价、收盘价、最高价、最低价四个价位组成，开盘价低于收盘价称为阳线，反之叫阴线。中间的矩形称为实体，实体以上细线叫上影线，实体以下细线叫下影线。K 线可以分为日 K 线、周 K 线、月 K 线，在动态股票分析软件中还常用到分钟线和小时线。K 线是一种特殊的市场语言，不同的形态有不同的含义（如图 4-1）。

1. 实体线

实体线是从开盘到收盘所形成的实体线，是时间因素得到最大体现的价格区间。主要用以衡量经过当日一天的战斗，多空双方实际的战斗成果，而 K 线收阴线还是收阳线揭示出的是哪一方取得了这次战斗的阶段性胜利。实体所涵盖的价格区间越大，这一胜利成果的技术意义就越大，其对以后股价走势影响的时间也

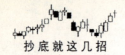
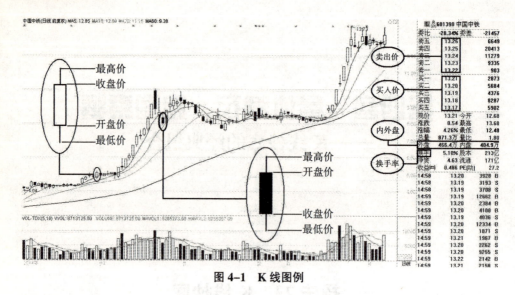

图4-1　K线图例

越长，力度也越大。

2. 上影线

上影线在阳线中可以代表当日多方拉回或者受到挫败的程度，在阴线中可以部分地代表多方当日拉回或者受到挫败的程度。

3. 下影线

下影线在阴线中可以代表当日空方拉回或者受到挫败的程度，在阳线中可以部分地代表空方当日拉回或者受到挫败的程度。

需要指出的是，阳线和阴线与人们通常讲的涨跌有所不同。一般人们讲的涨跌是指当日收盘价与上个交易日收盘价之间的比较。当K线为阳线时，并不意味着股价比前一天涨了，只是表示当天收盘价高于当天开盘价。例如某只股票前一个交易日收盘价为20元，当日开盘价、最高价、最低价和收盘价分别为18元、21元、17元和19元，则该只股票比前一个交易日跌了1元，K线图为一个上影线长度2元，下影线长度1元，实体为1元的阳线。

二、K线的意义

就K线而言，其所包含的信息是极为丰富的。以单根K线而言，一般上影线和阴线的实体表示股价的下压力量，下影线和阳线的实体则表示股价的上升力量；上影线和阴线实体比较长就说明股价的下跌动量比较大，下影线和阳线实体

较长则说明股份的扬升动力比较强，如果将多根 K 线按不同规则组合在一起，又会形成不同的 K 线组合。这样的 K 线形态所包含的信息就更丰富。总之，各种 K 线形态正以它所包含的信息，不断地向人们发出买进和卖出的信号，为投资者看清大势、正确买卖股票提供了很大的帮助，从而使它成为投资者手中极为实用的操盘工具。

三、K 线的绘制方法

一般而言，就 K 线的绘制方法来讲，可以归纳为以下几点：

第一，找到该日或某一周期的最高和最低价，垂直地连成一条直线。

第二，再找出当日或某一周期的开市和收市价，把这两个价位连接成一条狭长的长方柱体。

第三，假如当日或某一周期的收市价较开市价为高（即低开高收），便以红色来表示，或是在柱体上留白，这种柱体就称为"阳线"。如果当日或某一周期的收市价较开市价为低（即高开低收），则以蓝色表示，又或者是在柱上涂黑色，这柱体就是"阴线"了。

四、K 线的优缺点分析

与其他类型的技术图表相比，K 线图包含了更多、更大的信息容量，表现方式也更加形象和直观。对于普通投资者来讲，通过观察 K 线图，既可看到股价（或大市）的趋势，也可以同时了解到每日市况的波动情形。而且，K 线图经过国外许多专家的统计、分析、整理后，发现其中蕴含着一定的规律性，即某种图形可能代表着某种市场行情，在出现了某种图形组合后，有可能会出现某种新的走势。因此，K 线图目前已成为许多投资者十分重视的一种股票技术分析工具。

然而，K 线图往往受到多种因素的影响，用其预测股价涨跌并非能做到百分之百的准确。另外，对于同一种图形，许多人也会有不同的理解，做出不同的解释。因此，在运用 K 线图时，一定要与其他多种因素以及其他技术指标结合起来，进行综合分析和判断。

抄底箴言

客观来讲，K 线的机理是多空能量的转化，而能量的转化是一个反复争夺

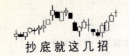

的、渐变的过程。很多人学完K线以后，只记住了几个名词，就认为掌握了K线的玄机，但实际运用起来却适得其反，之后便大呼无用。其实，K线原理本身反映的是买卖双方力量的抗衡程度，多空力量相互之间此消彼长的关系，这和中国传统文化中《周易》的全息观念异曲同工。也就是说，阴阳调和、阴盛则阳生，阳盛则阴生。而阴阳之间的转化也不是一下子完成的，它有一个相互渗透甚至是反复争夺的过程。

招法 24　底部星线反转抄底

一、底部星线反转概要

1. 底部星线反转的概念

所谓底部星线反转，又可以称为"早晨之星"、"希望之星"、"晨星"等，是由三根K线组成的K线组合形态，它是一种行情见底转势的形态。这种形态假如出现在下降趋势中应引起注重，因为此时趋势已发出比较明确的抄底信号，这种形态标示阶段性底部的准确率较高，所以发现这种形态，是抄底的良机。图4-2为宁波富达（600724）2015年2月10日出现底部星线反转。底部确定后，股价几乎连续26日上涨，由4.80元涨至6.55元，涨幅达36.46%。

2. 底部星线反转的技术特征

一般来讲，底部星线反转的技术特征可以归纳为以下几点：①第一根K线是一根长阴线；①第二根是一个小小的实体，可带上下影线或底部十字星，称"晨星十字"；③第三根是一根阳线，它明显向上推到第一天阴线的实体之内。

3. 底部星线反转的市场含义

底部星线反转是典型的底部形态，通常出现在股价连续大幅下跌和数浪下跌的中期底部或大底部。底部星线反转的三根K线在心理上构成一个完整的转化过程：看跌心理，多空平衡，看涨心理，故此形态转向和止跌横盘的有效性较高。

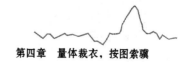

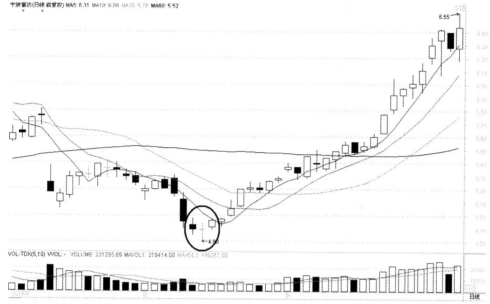

图4-2 底部星线反转

二、底部星线反转的要点分析

对于底部星线反转的分析，投资者需要重点把握以下几点：

第一，底部星线反转往往出现在单边下跌市道中，比如熊市中的主跌浪，短线反弹高度可观，一般超过30%。在牛市中，如果个股短线受到利空冲击，往往也会出现底部星线反转的K线形态，短线反弹高度视个股情况而定，通常为10%左右。

第二，第二天出现的十字星或十字线，阴线或阳线均可，有无长的上下影线均不重要。通常情况下，十字星见底信号比十字线强。另外，如果底部星线反转中间的K线不是小阴小阳，而是锤头线、倒锤头线等带着很长影线的K线，则见底信号更强。图4-3为深圳能源（000027）2015年2月9日的K线图，图中底部星线反转形态的星线变形为锤子线，底部信号更强烈，此时抄底，股价将在30余个交易日后由9.32元飙涨至15.00元，涨幅近50%。

传统的技术理论认为：底部星线反转第二天的小阳或小阴线必须与第一天的阴线之间产生一个缺口，也就是说，第二天的小阳或小阴线的最高价低于头一天的最低价。然而，底部星线反转如果必须产生跳空缺口，虽成功率能提升，但出

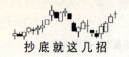

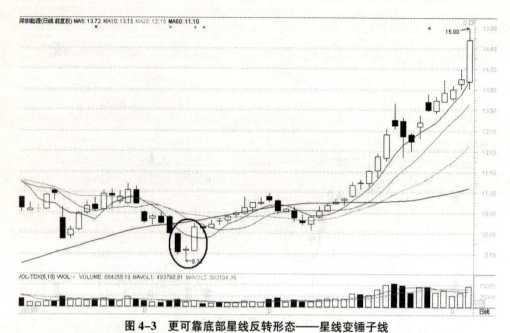

图4-3 更可靠底部星线反转形态——星线变锤子线

现的概率将大大降低，因此，底部星线反转的第二天的K线只要是跳空低开的小阳线或小阴线即可，不必形成跳空缺口。

第三，第三天出现的阳线实体其长度至少要升至第一根阴线实体的二分之一处。如果能够"包容"第一天的阴线则最好不过了。

第四，如果底部星线反转是出现在股价大幅下跌之后，则其信号可靠性较强；如果股价下跌的幅度较小，则其信号的可靠性相应会低一些。在股价见底后上行过程中出现底部星线反转K线组合，意味着股价将继续上涨。

第五，应当结合均线系统进行分析，特别是大幅下跌后，均线系统中5日线有向上弯头迹象时，出现底部星线反转，则见底可靠性大大增强。

三、底部星线反转的操作策略

在实际操作中，底部星线反转能够有效地指导投资者成功地抄底，或者是逢低介入，以免踏空。某只个股出现底部星线反转时，当天的低点一般是阶段性低点，一段相当长的时间内将难以再探此价位。对于底部星线反转这一K线形态，投资者可重点把握以下操作策略：

1. 第三天阳线买入

对于短线投资者来说，在底部星线反转形态当中，第三天出现的阳线是一个较好的买点。稳妥的做法是临近收盘时介入，不过建议半仓甚至 1/3 仓操作。因为出现标准的底部星线反转，事后昙花一现的情况也有。

2. 结合成交量买入

第三天出现阳线时，如果有成交量配合，成交量必须超过第一天阴线的量，而第二天十字星或十字线的量是萎缩的，那么这种底部星线反转的短线可操作性增强。

3. 5 日均线处买入

如果已经出现底部星线反转，但是投资者又不敢轻易买入，怕无功而返，又怕错过短线反弹机会。那么可以选择在突破 5 日均线，或者回踩 5 日均线处买入，建议轻仓操作。

稳健的办法是在底部星线反转出现后再静等二至三天，如在二至三天内回调未能吞食掉底部星线反转第三根阳线实体的 2/3，说明多头力量已基本获取主动权，这时可放心介入；如在二至三天内不出现小幅回调，甚至快马加鞭加速上攻，说明多头能量已超强爆发，因此在突破上攻之际可快速介入。

四、底部星线反转的陷阱分析

作为一种较为可靠的底部信号，底部星线反转也并不代表能为投资者带来绝对的投资机会。事实上，在股票市场中，从来不缺乏庄家利用大家的共识来欺骗散户的行为，底部星线反转有时也成为诱多陷阱。特别是在下跌途中，庄家还未出逃干净，制造一个底部星线反转的假象来诱惑散户接盘，一旦庄家出逃完毕，则原形毕露。

一般而言，对于底部星线反转陷阱的识别，投资者需要关注以下三个方面：

1. 看股价的整体位置

如果股价前期下跌幅度较大，已经严重超跌，底部星线反转成为反转信号的可能性比较大。如果在下跌途中，下跌动能还没有得到有效释放，则很可能是诱多陷阱，短暂反弹后将重归跌势。

2. 看量

如果下跌时无量，而上涨的时候放量，这样的底部星线反转应更可靠，反转

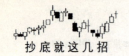

的成功率更高。如果反弹无量能配合，则更可能是诱多的陷阱。

3. 需要后市确认

如果是陷阱则很快会滞胀，然后反转下跌，陷阱不可能隐藏很久。

底部星线反转并不都是三根线组成，也有一些变形形态，如底部出现两个甚至三个星形线，对于抄底而言同样有效（如图4-4）。

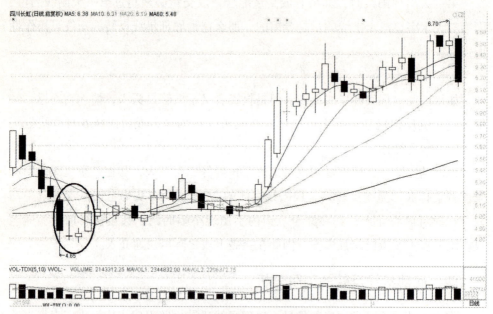

图4-4 变形的底部星线反转

抄底箴言

需要说明的是，当K线收出底部星线反转后，并不是意味着股价马上要出现上涨行情，而是意味着股价见底或阶段性见底。此后可能上涨，也可能经过盘整后再上涨。这时需要进行抄底操作的投资者耐心持股，千万要有耐心持股。

招法 25　十字孕线抄底

一、十字孕线概要

1. 十字孕线的概念

所谓十字孕线，是长 K 线包短 K 线的一种特殊形态，即股价在收出一根大阳线或大阴线之后，出现了一颗"十字星"。图 4-5 为康美药业（600518）2015年 5 月 8 日的底部十字孕线，当底部出现十字孕线后，底部出现 10 个交易日的横盘整理，最低点出现在 5 月 18 日，是抄底的良机，此后股价一路上涨，由35.20 元上涨至 6 月 10 的 46.50 元，涨幅高达 32.10%。

图 4-5　底部十字孕线

一般来讲，十字孕线既可在头部出现也可在底部出现。用于抄底的见底十字孕线表现为，在下跌过程中出现中阴或巨阴，随后突然出现十字星，为重要的抄底信号。

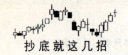

2. 十字孕线的技术特征和市场意义

通常来讲，十字孕线的技术特征可以归纳为以下几点：

（1）十字孕线是由一根长阳线或长阴线及其随后的一颗十字星组合而成。

（2）十字星包含在长阳或长阴的实体之内。

（3）十字孕线代表市场原来的趋势难以维持。原有趋势为下跌，则意味着上涨的概率较高，但并不一定即刻会发生反转。

（4）十字孕线存在变形形态，如十字星变为"T"形线、倒"T"形线等，变为"T"字线的抄底信号更强烈。图4-6为2014年5月9日的中电广通（600764）的K线图，出现见底信号更强烈的变形底部十字孕线后，股价在三周后飙升44%。

图4-6 底部十字孕线的变形形态

二、十字孕线的操作策略

实践中，十字孕线出现后，在底部盘整筑底的概率较高，而后出现上扬。经验表明，一旦底部出现十字孕线组合形态的时候，通常股价运动的方向出现了胶着状态，并不一定会出现马上出现激烈的转势，整个股价走势很有可能进入横盘状态，横盘的时间一时难以决定。对于盘面上所出现的十字孕线K线组合，投资者通常没有必要急于介入，应当耐心等待走势明朗之后在低点介入抄底也不迟。特别是如果出现成交量极度萎缩的情形，更应当如此。

抄底箴言

　　值得投资者注意的是，十字孕线 K 线组合中的十字星与"单根十字星"略有不同。单根十字星往往是由 K 线实体逐渐变小，演化到极限多空达至平衡的状态反映，它是一个实力渐变的过程，所以它出现的位置是昨日阳线之上（上升趋势中）或阴线实体之下（下降趋势中）。但是，十字孕线 K 线组合中的十字星却出现在昨日阳线实体之内或昨日阴线实体之内，虽也显示多空实力均衡，但它没有经历渐变，后期走势就容易出现反复，所以其转势信号的准确性较"单根十字星"要弱一些，需结合其他分析方法综合判定。

招法 26　底部阳线反转抄底

一、底部阳线反转概要

　　1. 底部阳线反转的概念

　　所谓底部阳线反转，就是指股价运动经过很长一段时间下跌之后，空方的量能已经得到了比较充分的释放，或者股价已经毫无下跌空间了，于是盘面上出现了十分激烈的底部转势信号，在某两个交易日里，前一个交易日里收出了中阴线或者大阴线，后一个交易日立刻收出一根截然相反的中阳线或者大阳线来，盘面上一扫阴遁之气，后市股价走势将会一片光明。这样的 K 线组合形态，适于抄底操作，称为底部阳线反转（如图 4-7）。

　　2. 底部阳线反转的技术特征

　　一般而言，底部阳线反转这种 K 线形态的技术特征可以归纳为以下几点：

　　（1）由两根走势完全相反的较长 K 线构成，前一天为阴线，后一天为阳线。

　　（2）第二天阳线向下跳空低开，开盘价远低于前一天的收盘价。

　　（3）但第二天的收盘价却高于前一天的收盘价，并且阳线的收盘价深入第一

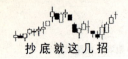

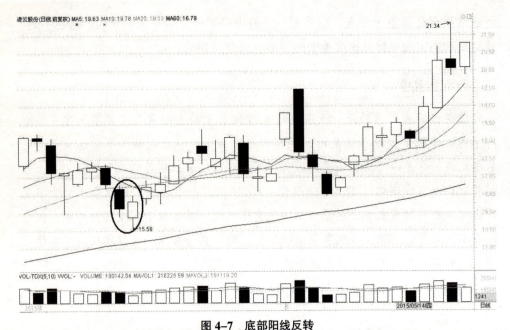

图 4-7　底部阳线反转

根阴线的实体部分中，几乎达到前一天阴线实体一半左右的位置。

3. 底部阳线反转的市场含义

底部阳线反转是一个见底标志，预示价格下跌动能耗尽，后市可能转为上涨。

二、底部阳线反转的要点分析

对于底部阳线反转的分析，投资者需要把握以下几点：

第一，底部阳线反转组合形态的第二根 K 线形态的实体部分越长，越能够说明此时多方的反击力度十分强劲，于是后市股价上升的力度越强，底部阳线反转组合形态作为底部止跌回升信号的可靠性也就越大。

第二，在运用底部阳线反转组合形态的时候，还应当注意两根 K 线之间的比例关系。比较标准的底部阳线反转组合形态的第二根 K 线的收盘价应当高于第一根 K 线实体部分的 50% 以上，如果超过了 0.618 处，那就更为理想。

第三，出现底部阳线反转形态后，如果股价立即展开上行行情，则力度往往并不大；相反，出现底部阳线反转后，股价有一个短暂的蓄势整理过程的，往往会爆发强劲的个股行情。

第四，底部阳线反转的 K 线组合形态应用于大盘趋势分析中也十分有效，常

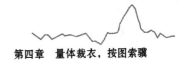

常能把握市场的拐点。底部阳线反转的 K 线组合形态在股指中出现的次数不多，但非常准确。

第五，量能的变化情况。伴随 K 线组合形态同时出现缩量，表明股价已经筑底成功。从实战的情形来看，底部阳线反转的组合形态在盘面上出现的时候，应当有比较巨大的成交量相应配合，才是比较可靠的底部翻转信号。如果盘面上出现底部阳线反转组合形态的时候，成交量不但没有相应放大，反而有所萎缩，投资者就特别值得警惕了。这样的态势通常表明，此时并不一定是股价见底的信号，股价有可能还会进一步下跌。所谓多头不死跌势不止，前边出现的底部阳线反转组合形态有可能只是庄家为了某种目的制造的陷阱而已。

第六，股价所处的环境位置很重要，如果个股涨幅过大时出现底部阳线反转的 K 线组合形态，则有骗线的可能性。

三、底部阳线反转的操作策略

在实际操作中，对于底部阳线反转的应用，投资者要重点关注以下几个方面：

第一，在股市下跌行情中出现底部阳线反转，投资者可考虑买入。

第二，若出现底部阳线反转后股价反转上扬，则可大胆买进。

第三，如果某个底部阳线反转形态中，第二天的开市价不仅向下突破前一天最低价，同时还突破数天、数周、数月等历史低位或支撑位，而失守上涨，后市很可能就是不破反涨，形成上扬趋势，投资者应及时买入。

第四，注意盘面上出现底部阳线反转组合形态时第二根 K 线向下跳空的情形。如果第二根 K 线以跳空低开的方式出现，随后盘面上出现强劲有力震荡回升，震荡幅度大，反弹力度强劲，在填补前边的跳空缺口之后，还不断地穿越上行，一直逼破前一日的收盘价，深入阴线的实体部分，说明此时多方的反击力度已经十分强劲，就连那些在市场做空的投资者都不愿再继续抛售筹码了，甚至还会纷纷开始掉转矛头，加入多方的阵营之中去。

第五，底部阳线反转应用于大盘趋势分析中十分有效，常常能把握市场的拐点。底部阳线反转在股指中出现的次数不多，但非常准确，例如，2002 年 1 月 28 日和 29 日大盘构成的底部阳线反转形态，非常成功地标出当年最重要底部信号。值得注意的是，用于大盘分析的底部阳线反转的技术要求，与用于个股分析的技术要求有所不同，由于股指包含的市场容量较大，其短期震荡幅度远远小于

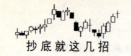
个股的股价震荡幅度。因此，在分析大盘的 K 线组合形态时，对技术要求的标准可以适当放宽，只要大致符合底部阳线反转的基本条件就可以。

通常来讲，若拦不住"价格的瀑布"，那就绝对不是什么拐点了。所以，要找到能力挽狂澜的那一个点。拐点的主要特征：一要成为建立考量股价的依据（也就是建立俗称的"坐标轴"）；二要能测量出动能的大小。这二者缺一不可。

抄底箴言

需要说明的是，底部阳线反转在熊市中应用时，要加上一个附加条件，那就是底部阳线反转第二根阳线的最低价必须是 13 个交易日以来的最低价，这主要是用于避免投资者在熊市中贸然追高，防止加大操作风险。但是，如果市场趋势向好，股市运行在牛市行情中时，投资者则不必过于拘泥这条规则。因为，牛市中股价涨多跌少，如果强调买入 13 天以来的最低价，就会错失良机。

招法 27　底部双下影线抄底

一、底部双下影线概要

1. 底部双下影线的概念

所谓底部双下影线，俗称"双针探底"，是 K 线图中较为常见的底部反转形态之一，是很好的阶段性底部抄底信号。这种形态由两根有一定间隔（或无间隔）的带长下影线的 K 线组成，此形态出现在价格连续下跌之后，表示价格已经过两次探底，下档有较强的支撑，也就是下降趋势可能即将结束的信号，底部基本确认有效，它经常发生在一段下跌行情的底部，突然有一日收一根带长长下影线的 K 线，随后市场在很近的时间区域内，同样再收一根带长长下影线的 K 线，而且这两根 K 线的最低价非常接近甚至相同，这种情况下，预示着空头力竭，底部基本确认，市场可能即将转势，多头将展开反攻。图 4-8 为中小板股票和而泰（002402）的走势图，2015 年 4 月 20 日走出底部双下影线图形，预示阶段性底部来临，此时买入，股价将一路上涨，22 个交易日后，股价由 15.09 元飙升至

37.76 元，涨幅高达 150%以上。

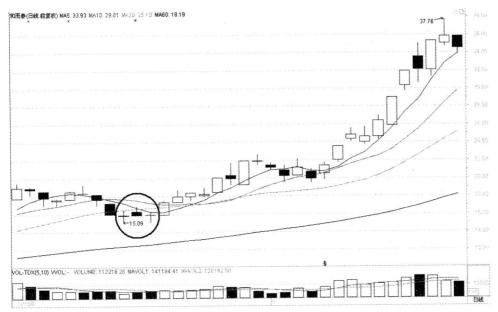

图 4-8 底部双下影线

2. 底部双下影线的技术特征

一般来讲，底部双下影线的技术特征可以归纳为以下几点：

（1）底部双下影线形态发生之前，市场处于下升趋势中，有一天，出现一根带长下影线的 K 线，向下试探市场支撑的力度。

（2）第一日试探市场支撑力度后，市场收出同样带一长下影线的 K 线，则表明市场空头已丧失抵抗力，多头已经逐渐掌握了市场主动权，将展开一定级别的拉升行情，如果多头没有反攻，反而震荡下行，则底部双下影线失败。

（3）两条带长下影线的图线，可以是相邻的，也可以中间隔有几条其他的图线，但总的特征是由两条长下影线组成的图形。

3. 底部双下影线的市场含义

底部双下影线是一个较为常见的看涨反转信号，经常发生在一个较长期的下跌趋势中。底部双下影线这一 K 线组合中的第二根长下影，其实是对第一个交易日所探底部的再一次试探和确认。如果第三个交易日的股价不能继续创出新低的时候，投资者就可以考虑参与。

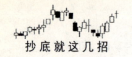

二、底部双下影线的操作策略

在实际操作中，对于底部双下影线的操作，投资者应关注以下几点：

（1）股价在前期放量上涨后，缩量回调，在大均线附近出现两次下影 K 线组合，谓之底部双下影线。一旦股价重返短期均线上方，往往将转入急攻行情，所以在第二次出现下影十字星线的大均线附近是较佳低吸点。

（2）底部双下影线形态必须出现在低位，如果所处的位置偏高，即前期的下跌幅度小于 20% 时，就应慎重操作。

（3）底部双下影线形态出现后，股价一般是立即反弹，走出一波气势不凡的上涨行情。但有的股票，底部双下影线形态出现后，仅向上"虚晃一枪"就跌了下来，经过一段时间的调整后，才正式展开上升攻势。碰到这一情况时，应耐心等待，适时还可补仓。

抄底箴言

从实战的情形来讲，底部双下影线的"两针"，可以是紧密相连的两条长下影线，也可以是中间隔有几条图线的"两针"走势，但相隔的天数不能过多，多于五条以上图线的"底部双下影线"形态，就变成"双底"形态了。但二者操作基本一致。

招法 28 低位三阴线抄底

一、低位三阴线概要

1. 低位三阴线的概念

所谓低位三阴线，是指股价跌到低位后，又接连出现三条下降的大阴线。低位三阴线出现后的反弹力度一般较大，是抄底者和做短线难得的获利机会。图 4-9 为大通燃气（000593）的日 K 线图，2014 年 12 月 30 日，出现低位三阴线，股价经过盘整后飙涨，由出现抄底信号时的 7.46 元，40 个交易日后，股价增至

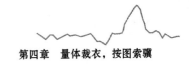
14.46元，增长了93.83%，几乎翻了一倍。

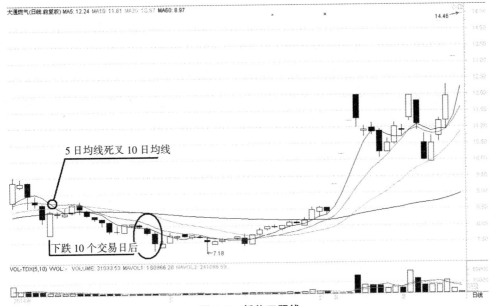

图4-9　低位三阴线

2. 低位三阴线的技术特征

一般而言，低位三阴线的特征可以归纳为以下几点：

（1）这三条阴线，必须是在股价线经过一段较长时间的下跌后出现的。一般要求是，从5日移动平均线由上向下"死叉"了10日移动平均线的那天算起，股价下跌了10个交易日以上的时间，才是"较长时间"。形态成立前跌得越深，三条阴线的实体越长，见底信号越强烈。

（2）三条大阴线本身的实体要求大一些，如果要进行量化，每条阴线的实体不应小于2%，或三条阴线的累计跌幅不少于5%。其实，对于三条阴线实体大小的要求，并没有一个固定的标准。例如，一根阴线的实体较小，其他两根阴线的实体稍微大一些，这样也并不会对此K线组合的信号产生实质性的影响。然而，三条阴线的实体越大，或两条阴线的累计跌幅越大，见底信号的有效性就会越高，更可放心操作。

（3）三条大阴线必须是连续下跌的阴线，中间不可插入阳线。标准形态的"低位三条大阳线"中间不可插入阳线。标准形态的"低位两条大阴线"，要求三条大阴线最好为顺沿下跌状态，不能在两条大阴线中间夹一条无跌幅的阴线（非

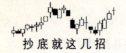

标准形态的"低位三阴线"例外)。

3. 低位三阴线的市场含义

股价经过了一段时间的下跌，做空动能已得到了一定程度的释放，此时突然拉出大阴线，而且连续三天如此，这不是散户能做到的，很明显是庄家所为，故意制造跳水的恐慌，目的是为了打压吸筹。股价经过这最后一跌后，往往会快速拉升，而一旦回升，涨幅是惊人的。因此，低位三阴线是明确的见底信号，随之而来的往往是大幅反弹或中线行情。

二、低位三阴线的操作策略

在实战中，对于低位三阴线的操作，投资者需要把握以下几点：

（1）低位三阴线最佳买入时间不是第三条大阴线出现的当天，而是第二天收阳日，如果第二天仍然收阴，还应等待，直到收阳线时才可进场。一般来讲，当低位三阴线出现之后，次日出现阳线的概率很高。因此，投资者需要对次日的走势予以关注，如果可以判断收阳线时，就应在收阳日线的第一时间买进，不要错过这一买入机会，因为这天往往是一轮行情的最低点出现日，换言之，投资者能在较低的价位买进。

（2）有时候，在低位三阴线这一K线组合出现之后，次日也有阳线出现，然而，之后也有可能会"变脸"。在这种情况下，对于已经买进股票的投资者，千万不能慌了阵脚。其实，这种下跌走势只是暂时的，跌幅不会很大，只要不跌破预先设置的止损价位，就应耐心持股；如果"连阴不晴"，跌破了止损价位，就坚决走掉，认赔出场，等待下一次的进货机会。

（3）如果当时大盘表现平稳，个股基本面上也没有实质性利空，技术面上突然出现低位三阴线这一K线组合，可靠性非常强。因此，形态成立次日若先抑后扬，应在股价盘中穿越第三根阴线收市价时买进，激进者甚至可以追高买进。

抄底箴言

需要说明的是，低位三阴线形态中的三条阴线，要求实体大体相当，这是标准的"低位三阴线"形态，可放心进行抄底。但有时只出现两条大阴线加一条小阴线的走势，总的来讲，只要三条阴线的总跌幅达到了5%的要求就可放心操作。

招法 29　阴线跳空低开收阳抄底

一、阴线跳空低开收阳概要

1. 阴线跳空低开收阳的概念

所谓阴线跳空低开收阳，是指在下跌行情中，出现一根中阴线或大阴线，紧接下来的交易日，股价延续跌势，跳空低开，可是此后盘中逐渐上涨，终盘收了一根中阳线或大阳线，而且它的收盘价收在与前一根阴线收盘价相同或相近的位置上，这是底部转势信号，适于抄底（如图 4-10）。

图 4-10　阴线跳空低开收阳

2. 阴线跳空低开收阳的技术特征

一般而言，阴线跳空低开收阳的技术特征可以归纳为以下几点：

①出现在下跌行情中。②由一阴一阳两根 K 线组成。③先是一根大阴线，接着跳低开盘，结果收了一根中阳线或大阳线，并且收在前一根 K 线的收盘价相同或相近的位置上。

二、阴线跳空低开收阳的要点分析

通常来讲，对于阴线跳空低开收阳的分析，投资者需重点把握以下几点：

（1）阴线跳空低开收阳不但可以出现在下跌途中，而且还可以出现在上升途中。一般情况下，阴线跳空低开收阳只有出现在下降趋势的末尾阶段或是上升趋势的初始、中途阶段才是见底信号或见阶段性底部低点信号；出现在上升趋势的末尾阶段或下降趋势的初始阶段、中途阶段，则阴线跳空低开收阳不是见底信号，它只是股价运行于下降趋势过程中的一种较为少见的反弹。

（2）阴线跳空低开收阳出现于上升趋势的初始阶段，是见底信号，后市股价看涨。

（3）阴线跳空低开收阳出现于上升趋势的中途阶段，是见阶段性底部低点的信号，后市股价看涨。

（4）阴线跳空低开收阳出现于下降趋势的末尾阶段，是见底信号，后市股价看涨。

三、阴线跳空低开收阳的操作策略

在实战中，对于阴线跳空低开收阳这一 K 线组合的操作，投资者需要把握以下几点：

（1）当阴线跳空低开收阳出现后，下一个交易日开盘时短线交易者就可以买入股票。

（2）阴线跳空低开收阳表明多方开始反击，股价的走势有反转的苗头，但是阳线的收盘价在前日阴线的收盘价附近，说明多方的力度不是很强大，反转的程度不如底部阳线反转和旭日东升，此时投资者可结合成交量辩证地判断，一旦反转趋势确立，即可实时参与做多。

抄底箴言

需要说明的是，第二根阳 K 线一般是低开高走的中阳 K 线或大阳 K 线，如

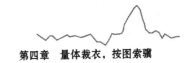
果该根低开高走 K 线的收盘价没有等同或超越第一根阴 K 线的收盘价，则第二根 K 线表面上是阳 K 线，实质上是一根假阳 K 线，即该根 K 线表面收阳，但实际上是有一定的下跌幅度的。

招法 30 两阳夹一阴抄底

在上升趋势中，股价也不能天天上涨或每天都以阳线报收，也有回调整理即下跌或以阴线收盘的时候，只是上攻形态未被破坏，后市仍会继续上涨。因此，在上升趋势中出现的调整就是逢低抄底的介入时机，较为常见和可靠的是两阳夹一阴的形态。

一、两阳夹一阴概要

1. 两阳夹一阴的概念

所谓两阳夹一阴，也可以称为"多方炮"，是指某只个股在第一天收出了一根实体中阳线，次日，该股的价格并未出现持续性的上升，而是收了一根实体基本等同于第一天阳线的阴线，但第三天又未承接第二天的跌势，反而再次涨了起来，还是收出中阳线，实体也基本等同于前两日 K 线的实体部分。这便是个股即将起飞的征兆，是一种典型的强势上攻形态，是非常难得的短线买入点位（如图 4-11）。

2. 两阳夹一阴的技术特征

就两阳夹一阴这种 K 线组合来讲，其技术特征可以归纳为以下几点：

（1）一般出现在长期下跌后横盘整理或经过一波上涨行情后横盘整理形态中，底部会出现抬高迹象。

（2）往往出现在个股突破重要技术位的时候，重要技术位包括颈线位、平台位、前期高点、黄金分割点以及 60 日均线、120 日均线、250 日均线等。

（3）第一天阳线往往会创出近期新高；第二天阴线的股价要收在均线之上；第三天阳线收盘价应高于第一天阳线收盘价，而且量比第一天阳线的大。

（4）均线系统良好，10 日均线、20 日均线、30 日均线出现多头排列，5 日

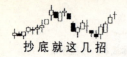

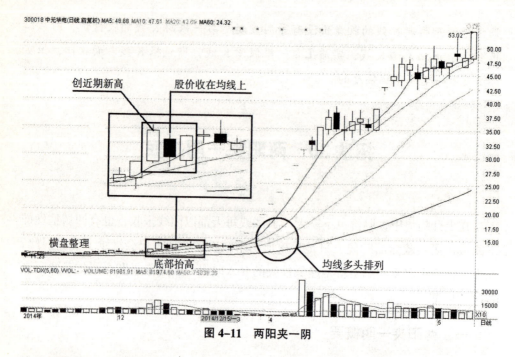

图 4-11 两阳夹一阴

均线随着第一个阳线的出现，已经突破各条均线，或者明显抬头。

3. 两阳夹一阴的技术分析

就两阳夹一阴这种 K 线组合来讲，其构造过程属于庄家的震仓行为，由于其点位是处于箱顶、上升中途或底部，所以容易令散户的筹码脱手，从而使庄家可以顺理成章地完成拉升过程中的洗盘。两阳夹一阴属于短线性的 K 线组合，其中处于箱顶和上升中途的，要求以短线进出为好，并不适合中长线投资者的参与，只有那种处于底部的才适合中长线投资者逢低买入。在两阳夹一阴的构造过程中，第一天容易使人获利了结，第二天由于出现阴包阳现象，更会诱使人抛出手中筹码，而第三天又容易令已抛出筹码者十分懊悔，不愿买回，这些现象均有利于庄家的洗盘。一旦两阳夹一阴明显构成，不管是空仓者还是刚被震出仓者，均可立即半仓介入，另外半仓可待该股的价格创出新高后再次介入。

需要说明的是，如果庄家的筹码相对不足，他们有时会把两阳夹一阴做成三阳夹一阴的 K 线组合形态，同样具上攻动力。

4. 无效的两阳夹一阴

事实上，并不是所有的两根阳线夹一根阴线都能理解为看涨的两阳夹一阴，这与阳线和阴线的力度有关，我们要求中间的阴线实体不能太大，同时右边的阳线最好对阴线形成包围之势。两阳夹一阴的形态出现在横盘整理格局中突破向上的概率最大。图4-12为无效的两阳夹一阴。

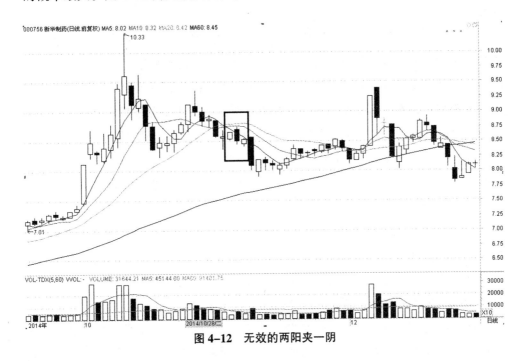

图4-12 无效的两阳夹一阴

二、两阳夹一阴的要点分析

就两阳夹一阴这种K线组合来讲，其分析要点可归纳如下：

（1）两阳夹一阴须出现在一轮明显的下跌行情之后，股价有一个低位止跌横盘的过程。

（2）第一天放量阳线须是突破中期均线（如30日线）或创近期新高。

（3）第二天出现跳空高开的阴线，成交量必须萎缩，而股价不可再回均线之下。

（4）第三天阳线的收盘价应高于第一天的收盘价，且须比第一天放量，但不可是巨量。

（5）第四天必须稍放量（匀量或温量）阳线。

三、两阳夹一阴的操作策略

在实战中，对于两阳夹一阴这种K线组合的操作，投资者需要把握以下几点：

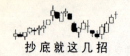

(1) 两阳夹一阴出现在上升行情中，是庄家洗盘和震仓的需要，属于强势调整，预示着上升行情尚未结束，应是买入时机。相反，如是在下跌行情中出现就应小心了。

(2) 两阳夹一阴若出现在股价刚突破底部之时且阳线伴随较大的成交量，买入信号更为可靠，这意味着涨势刚刚拉开序幕，好戏还在后边。

(3) 第二天阴线买入。这种操作难度比较大，因为第一天出现阳线之后，第二天出现阴线并不一定是两阳夹一阴的K线形态。需要结合量能情况来分析，如果对自己的判断有把握，第二天收盘时可以半仓介入，形态确立后加仓甚至满仓。

(4) 第三天阳线买入。在第三天阳线买入是比较稳妥的做法，但往往没有好的买点。我们可以选择在当日均价处介入，如果一旦出现快速拉升，也可以半仓介入。

(5) 5日均线处买入。如果第三天阳线还没有介入，两阳夹一阴形态确立后，可以选择在5日均线处满仓介入。

(6) 对于强势股，收阴线时就应是买入时机，只是此时买入不如待确认第二日收阳线时买入可靠性更高，因为收阴线后接下来一日的走势非常关键，一旦再收阴线有可能形成短期头部或调整的时间将延长。因此，两阳夹一阴的最佳买入时机应在阴线之后收阳线的当日尾盘或第二天跳高开盘之时，特别是短线投资更应如此；止损点可定在阴线的最低价被跌破时。

抄底箴言

需要指出的是，在具体操作中，当"多方炮"形态出现后，股价未必一定上涨，而接下来的走势十分关键：如果接下来股价出现跳空上行或继续放量上攻的情形，表明多方炮的技术意义有效；如果接下来股价没有出现跳空向上涨升或继续放量上攻的情形（也就是说无法持续向上攻击的势头），"多方炮"将变成"哑炮"，形成"多头陷阱"，股价将回落到原来的整理区间继续盘整，甚至出现向下破位的情形。所以，并不是看见一个两阳夹一阴就认为它是"多方炮"，因为"哑炮"很多。

招法 31 底部三阳线抄底

一、底部三阳线概要

1. 底部三阳线的概念

在所有技术指标当中，反转的技术信号最引人注目。其中有一种技术图形就是我们常说的"底部三阳线"，它往往是一个阶段性底部的标志。

一般情况下，投资者对于底部三阳线的认识较为片面，即底部三阳线是指股指出现了连续三根阳线的技术形态。事实上，底部三阳线这一 K 线组合需要三个方面的条件同时出现：第一是在形态上确实出现了连续的三根阳线，并且上涨实体不断增长，这表明市场做多的力量在不断增强，形成了共同的市场认识；第二就成交量而言则是稳步温和放大的，这表明上涨得到了成交量的有效配合，是有资金推动的；第三则是在经历了一轮上涨行情后开始回调持续下跌的尾市，大盘成交也处于相对低迷的情况下出现的（如图 4-13）。

图 4-13 底部三阳线

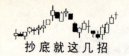

2. 底部三阳线的技术特征

一般而言，底部三阳线的技术特征可以归纳为以下几点：

（1）个股无论是在第一天、第二天还是第三天，股价均是上升的，所收出的实体均是阳线，因此我们便称之为"底部三阳线"，此乃多头强烈上攻的信号。

（2）在该股收出连续三根阳线的同时，成交量是同步放大的，即呈价升量增之势。

（3）出现这种技术形态的个股通常是处于底部（相对）和低位（相对），股价通常已经严重超跌。

（4）底部三阳线出现之后，这类个股的 MACD 指标、EXPMA 指标、PRIX 指标、KDJ 指标和均线系统通常会形成"黄金交叉"或"多头排列"。

3. 底部三阳线的市场含义

通常来讲，底部三阳线这一 K 线组合的出现，表明盘中的买盘意愿强劲，就成交量而言，其形态是稳步温和地放大，上涨得到了成交量的有效配合，意味着行情是有资金推动的。底部三阳线多出现在市场的底部，股价处于市场底部震荡，空方无力做空，而多方觉得价格经过一阵下跌，处于超卖状态，可以做多；观望者认为做多有利，纷纷入市买进。市场受此合力影响，形成三天连续上涨局面。底部三阳线意味多方力量刚刚起步，随着买盘能量不断释放，后市将形成真正的上涨。

二、底部三阳线的要点分析

就底部三阳线而言，其应用要点可以归纳为以下几点：

（1）在一个持续下跌的创新低的市场中，一般是不会出现底部三阳线这一 K 线组合的。换言之，如果市场是持续几年的长期熊市，见底信号不会出现该技术形态，熊转牛的技术形态往往会呈现当日反转的长阳。而"底部三阳线"则一般是在一轮上涨行情结束后进入阶段性调整，后市将创出高于前期高点的行情中出现。也就是前一轮行情告一段落，市场出现了相对较深跌幅的时候出现。

（2）所谓的"底部三阳线"一般而言都是实体较小的，也就是涨幅多数不会太大，当然，特殊情况除外。

（3）在底部三阳线这一 K 线组合出现时，市场成交往往处于一个相对的地量当中，虽然其成交量在及时、持续地放大，但仍处于较低的水平。

三、底部三阳线的操作策略

在实战中，对于底部三阳线的操作，投资者应把握以下几点：

（1）底部三阳线是市场逐步见底、多方持续加大力度、市场趋于一致的走势，这种走势是一种温和的逆转。对于投资者来说，也是一个较好的参与时机，它不会像有的个股直接涨停而难以买入。但出现底部三阳线之后往往第四根是幅度更大的阳线，这是一种技术上的确认，此时也是最佳的参与时机。需要指出的是，如底部三阳线三根 K 线上下影线较长，将失去原有的操作价值。

（2）一般情况下，在股价长期下跌后或者上涨初期出现底部三阳线，是千载难逢的买入机会，后市股价看涨。

（3）如果股价在较长时间盘整中出现底部三阳线的走势，伴随着成交量的逐渐放大，说明该股已有新庄家加入，是股票行情启动的前奏，未来股价看涨。此时，投资者可以重点予以追踪。

从实战的情形来看，底部三阳线或上升整理形态中的底部三阳线 K 线组合，温和放量之后，第四根 K 线缩量收小阴线的概率较大，因此，市场出现底部三阳线 K 线组合之后，投资者可以不必急着买入，等股价缩量企稳，再次放量上攻时，大胆跟风买入。

（4）当前期股价上升的幅度不足 10%时出现底部三阳线，可视为上升途中的底部三阳线。在这种情况下，投资者其实是可以追加买进的。

（5）股价连续回调之后，相对低位出现温和放量底部三阳线组合，随后股价短期整理之后，放量上攻；股价连续回调之后，底部出现温和放量底部三阳线组合，随后股价转入上升趋势，启动小波段上攻行情。

（6）注意冲击波特征。在股价上升段初期，底部三阳线出现时即盘中以连续冲击波形态出现，如果伴随有冲击波特征，则说明庄家还在继续建仓性操盘中。在股价上升段中期，底部三阳线的即时盘中也应以连续攻击波形态出现，攻击时，成交量形成明显的标准"量峰"结构，这是健康的特征，说明庄家是主动性攻击。在股价上升波段后期，底部三阳线的即时盘中如果出现脉冲型攻击波或才回头波，则说明股价攻击力度减弱，庄家随时在盘中实施减仓出货动作，股价即见顶了。

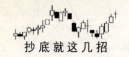
四、底部三阳线的特殊形态

通常来讲，底部三阳线有三个特殊形态，即升势递延、升势受阻、升势停顿。

1. 升势递延

升势递延形态基本与底部三阳线有相似之处，不同的是最后一根阳线的上升力度比较大，出现这种形态，股价将会呈上升趋势（如图4-14）。

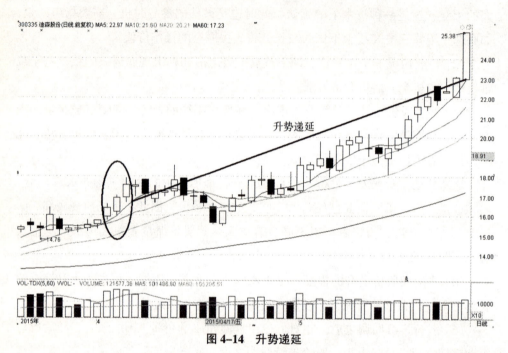

图4-14　升势递延

2. 升势受阻

升势受阻与底部三阳线有相似之处，不同的是三根阳线逐渐缩小，其中最后一根阳线的上影线特别长，出现这种形态，股价将会呈下跌走势（如图4-15）。

3. 升势停顿

升势停顿与底部三阳线有相似之处，不同的是三根阳线也是逐渐缩小，特别是第三根阳线实体比前两根小得多，出现这种形态，股价将会呈下跌走势（如图4-16）。

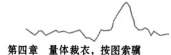

图4-15　升势受阻

图4-16　升势停顿

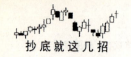
抄底箴言

需要说明的是，底部三阳线这一 K 线组合属于一种相对温和的见底反弹信号，它没有突发性和爆发性的特点，不是大逆转行情的标志，而是前一轮较大行情后陷入中期调整后见底的信号。这个前提提醒我们，必须从那些有惊人上涨幅度之后又经历较长时间调整的个股中去寻找此类转折中的抄底机会。建议从那些创出历史新高之后、股价出现了较为深度调整但从基本面判断后市还将出现更高价位的品种中去寻找。另外，在持续上涨行情的途中，底部三阳线通常是不会出现的。

招法 32　上升三部曲抄底

一、上升三部曲概要

1. 上升三部曲的概念

所谓上升三部曲，也可以称为上升三法，往往会在上升途中出现，某日先是收出一根比较大的阳线，以后连续几天收出小阴线，整体重心好像往下移，但是每根小阴线的收盘价都没有跌破前期那根较大的阳线的开盘价，接着在最后一根小阴线的收盘价附近收出一根较大的阳线，上升趋势再次明确，走势类似于大写的英文字母 "N"，这是阶段性的抄底信号（如图 4-17）。

2. 上升三部曲的技术特征

一般来讲，上升三部曲的技术特征可以归纳如下：

（1）由大小不等的 5 根 K 线组成。

（2）先拉出 1 根大阳线或中阳线，接着连续出现了 3 根小阴线。小阴线或高或低地排列，并保持在第一天长阳线的范围之内，也就是 3 根小阴线的最高价不能超过第一根长阳线的最高价，而三根小阴线的最低价不能低于第一根长阳线的最低价。

（3）最后，股指或股价再次拉出一根长阳线，而且其收盘价大于第一根长阳

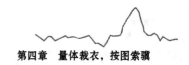

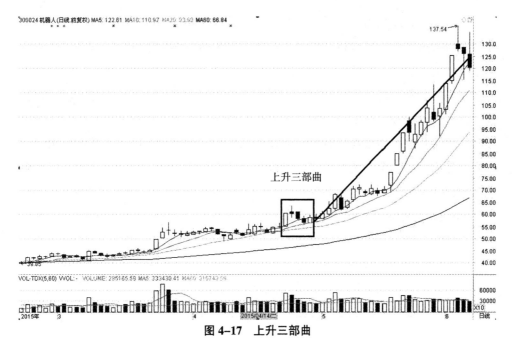

图 4-17 上升三部曲

线的收盘价。

需要说明的是，中间小阴线不一定是 3 根，也可能是 4 根、5 根或多根。小阴线是庄家清洗浮筹的手段，当一些人看淡时庄家会突然发力，再拉出一根大阳线。宣告一轮震仓洗盘暂告一个段落，接着又要发动向上的攻势了。

3. 上升三部曲的市场含义

上升三部曲的出现，表明市场中的多方力量正在积蓄力量，伺机上攻。因此，投资者在遇到此 K 线组合时，不要以为三连阴后股价就会转弱，开始做空。看到此图形出现后，投资者需要重点关注股价的发展，一般情况下，只要发现股价向上运行并伴随成交量的放大，就要积极跟进做多。

二、上升三部曲的操作策略

上升三部曲组合形态是较常见的一种多根 K 线组合形态，在股市分析中占有重要的低位。其实，从此 K 线组合的名字中就可以看出，其具有强烈的上涨含义。

在实际操作中，对于上升三部曲的操作，投资者需要把握以下几点：

（1）在上升三部曲形态中，如果处于头、尾的两根长阳线出现时有较大成交量配合，表明股价的上涨趋势将更加强烈，投资者应该以持股为主。

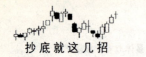
（2）对于低位拉出上升三部曲的庄家来讲，其往往有很远大的计划。所以，在投资者买进之后，可进行一段时间的捂股。当然，如果投资者发现该股票的价格走势出现了逆转，或发现庄家有离场的迹象，应及时改变操作策略，止损出局。

（3）在上涨的趋势中，见到了连续的几根小阴线也许会令很多投资者出局，以为趋势开始反转，过早地卖掉了手中的股票。实际上，投资者此时应注意：连续收出的这几根小阴线都没有跌破前期大阳线的开盘价，所以，这几根小阴线可以看作是庄家的一个洗盘的动作，可以配合成交量等指标进行辅助分析，以免被洗出局，丢了牛股。

抄底箴言

需要强调的是，上升三部曲在 K 线中都很难找到标准的图形，中间所夹的阴线也可能是 4 根或 5 根，这些都是上升三部曲的变异图形。所以，看到此类的图形就要多加注意；但也不要生搬硬套，要活学活用才好。

招法 33　四连阴收阳抄底

一、四连阴收阳抄底概要

1. 四连阴收阳的概念

所谓四连阴收阳，是指股价在上涨途中的短暂调整状态。股价在上升途中突然遭到了大量卖盘的打压，上升受阻，紧接着股价展开了连续几日的阴线调整。此时，股价看似无力突破，成交量也伴随股价回调减少，但是，随着卖盘的逐渐减少，另一部分看好该股的投资者开始介入。大量买盘的涌入，促使股价突破盘整区域，继续上升，并且创出新高，形成短线抄底机会（如图 4-18）。

2. 四连阴收阳的技术特征

一般情况下，四连阴收阳的技术特征主要有以下几点：

（1）个股股价在日 K 线走势上出现的 4 根阴线一定要是连续的，并且 4 根阴线的实体必须是中阴线或者长阴线。

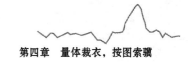

图 4-18　四连阴收阳

（2）个股出现"四连阴收阳"形态时，股价应该是已经出现较大的跌幅，技术上存在较为严重的超跌。

（3）如果第 5 根 K 线为低开高走的小阳线，表明此时股价已经止跌回稳；如果第 5 根 K 线依然是一根下跌阴线，"四连阴收阳"的技术意义仍然是有效的。

（4）个股出现"四连阴收阳"的技术形态必须排除基本面利空的因素，属于纯粹的技术走势。

（5）"四连阴收阳"抄底法尤其适合上市不久的次新股。

3. 四连阴收阳的形成原因

事实上，就四连阴收阳这种 K 线组合的形成原因来讲，主要有以下两个方面：

（1）股价从底部就开始上涨，一些在底部区域就介入的投资者在股价不断上涨的过程中已获利丰厚。随着获利盘的累积，一部分投资者开始卖出股票，股价在卖盘的打压下开始下跌。这时场外看好该股的投资者终于等到了回调机会，趁机介入，一部分买盘的介入消化了获利盘的回吐压力。股价在得到新入场资金的支持后，继续上涨。

（2）庄家故意打压，利用这种 K 线形态走势来达到洗盘目的。因为庄家在拉升股价的过程中，累积了大量获利盘，因此，为了减轻后期拉升股价的压力，需

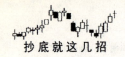
要把前期获利的散户提前清除。与此同时，庄家也会让一些投资者参与操作，借此垫高市场的总体持股成本。在这种情况下，庄家通常会通过短线震仓来达到洗盘目的，一旦洗盘结束，庄家就会再一次将股价拉起。

二、四连阴收阳的操作策略

在实战中，对于四连阴收阳这种 K 线组合的操作，投资者需要把握以下几点：

（1）个股在日 K 线上连续拉出 3 根或 4 根以上中阴线或长阴线形态，不管是出现在下跌末期还是在上涨途中的调整，都应是短线抄底的好点位，大阳线出现就是最佳介入时机。

（2）只要符合日 K 线"四连阴收阳"抄底法的条件，便可在第 5 天逢低大胆买入，即使不当天获利，也可在次日（即第 6 天）逢高卖出，被套的风险很小，而成功的概率很高。

（3）一般来说，在大盘止跌企稳的初期，凡符合上述条件的股票往往会连涨3 天以上。

抄底箴言

事实上，在具体应用的时候，四连阴收阳这种 K 线形态组合存在着一定的变数，如果大势不好，股价很有可能就下跌形成顶部，不再上升。所以，投资者在遇到这种走势的 K 线组合时，应谨慎对待。如果股价前期涨幅非常大，庄家有足够的出货空间，那么没有介入的投资者最好不要盲目地介入。

招法 34　低档五连阳抄底

一、低档五连阳概要

1. 低档五连阳的概念

所谓低档五连阳，是指股价在相对低位，接连收出 5 根横盘止跌的小阳线，这也是比较明显的底部起涨信号，可抄底介入（如图 4-19）。

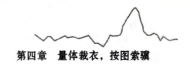

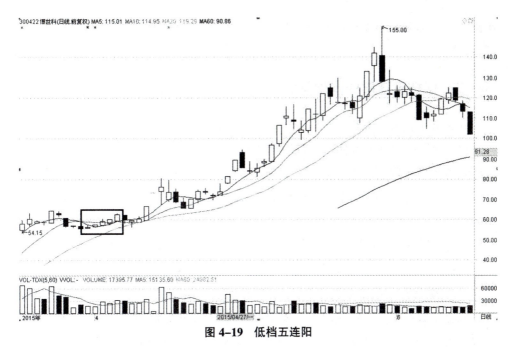

图 4-19　低档五连阳

2. 低档五连阳的技术特征

一般来讲，低档五连阳的技术特征可以归纳为以下几点：

（1）必须在低档位置。

（2）持续的 5 根阳线必须是近乎水平走向的小阳线（不能有中阳线、大阳线）。

（3）低档五连阳要求每根小阳线当天最大涨幅不超过 3% 较为标准。5 根小阳线可以是横盘震荡排列，也可以略微向右上方倾斜。但不允许 5 根小阳线排列向右下方倾斜。

事实上，低档五连阳低位横盘止跌的小阳线并非一定是 5 根小阳 K 线组合，也可以是 6 根或 7 根小阳线组合而成。

3. 低档五连阳的市场含义

底部出现 5 根横向整理的小阳线，股票价格并没有上升很高，是市场庄家在吸筹的表现。持续五天以上、横向整理的小阳线，第二天的小阳线一定是低开，甚至是低开低走，走出下影线，盘中在下影线部位呈现即时的 K 线图，甚至是阴线。低位的阴线，散户会特别恐慌，往往会止损出局。再有许多投资者卖股票时，又喜欢高挂几分钱，至尾盘，市场庄家就会把这些高挂的卖单尽收囊中。这样，在当天的收盘，K 线图就会形成一根带下影线的、比前一天收盘略高一些的

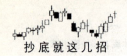

小阳线。持续五天出现这样的小阳线，说明市场一定有相当大的力量在吸筹，且即将面临向上突破。

二、低档五连阳的操作策略

在实战中，对于低档五连阳的操作，投资者需要把握以下几点：

（1）当低位出现五连阳时，说明庄家资金急于补仓，底部开始确立。低位五连阳一般较低位底部三阳线 K 线组合多二条阳线，说明庄家低位吸筹补仓的急切性，因而较底部三阳线有更可靠的实战意义，因此当投资者在低位发觉这种 K 线组合时，是一种非常好的低位买入机会。

（2）如果低档五连阳这一 K 线组合在上涨行情的初期出现，同时每一根小阳线配合成交量温和放大，且股价排列逐渐向右上方倾斜，每一根小阳线的分时走势均是早盘低开，盘中震荡走低，午后开始震荡走高，K 线上留有很小的下影线，收盘却收在最高点或次高点，通常可视为庄家的隐蔽吸筹行为。原因是股价早盘低开，开盘后分时震荡走低，从半天走势观察，盘中 K 线收的是一根小阴线，投资者见阴线容易恐慌出局，而午后分时逐渐震荡走高，将恐慌挂单出局的散户筹码尽收囊中，收盘价收最高点或次高点，表明每一根带下影线的小阳线都是庄家当天压低吃货行为，后市股价极容易出现大幅走高行情。

（3）如果在股价连续回调之后，出现标准低档五连阳组合，随后股价会构筑底部，展开一轮急攻行情。

（4）在具体应用的时候，出现上升五连阳的行情，就考虑第 5 日收盘进行清仓。通常情况下，连拉五条阳线，第 5 日往往不是巨量就是大量，巨量一般就是多头最后一击。从获利程度上来讲，五连阳使不少前期埋伏者获利丰厚，他们会有退意，从场外未进场的观望者角度来讲，股价短线已高，他们也在等待回调。因此，投资者在第 5 日及时减仓或者离场是非常正确的。

（5）当低档五连阳这一 K 线组合出现后，投资者应关注五连阳与短周期移动平均线之间的关系，如低档五连阳的出现位置，刚好五日均线和十日均线形成金叉，且股价有效站在 20 日移动均线之上，同时温和放量的低档五连阳距离小三线的位置较近，股价后市则很容易受三线开花多头排列的支撑一路向上攻击，投资者可采取波段持股，直到多头趋势转弱再考虑出局，方可在股价的上升趋势中获得波段利润。若低档五连阳组合出现在股价大幅上涨之后，股价距离 20 日移

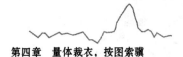

动平均线较远，乖离率过大，相对高位出现的五连阳将失去原有的分析价值。

抄底箴言

需要提醒投资者的是，对于低档五连阳这一K线组合，小阳线上升时的角度和斜率越陡峭越好，如果连续5根小阳线收盘都在轨道线之上时，是难得的买入机会。但是，投资者也要注意，最好是在下跌行情经过长时间的持续大幅下跌的第三浪，并且股价在反复筑底时，走出的这种五连阳组合走势。另外，投资者需要区别一些大幅上涨后的个股，在其回调途中，庄家刻意做小阳线组合以吸引短线客的多头陷阱。

招法 35　低开阳线上插阴线抄底

低开阳线上插阴线由两根走势完全相反的较长K线构成，股价在经过一段时间下跌后第一天收出一根大阴线，第二天股价向下跳空低开之后收出一根大阳线。第二根K线的开盘价要远低于第一根K线的开盘价；但第二根K线的开盘价却高于前一天的收盘价，并且K线的阳线实体深入到前一天K线阴线实体内部1/2以上，这也是阶段性的底部信号，适合短期内的抄底操作（如图4-20）。

低开阳线上插阴线K线组合一般出现在连续下跌的行情末期，低开阳线上插阴线K线组合说明多方开始强势反击，后市继续上涨可能性大。尤其是股价连续大幅下跌之后，暗示股价底部已经不远，股价见底回升的概率较大，投资者可考虑适量做多，而且第二根阳线收盘价深入第一根阴线实体部分越多，股价转势信号越强，如果低开阳线上插阴线K线组合出现后，配合成交量温和放大，后市股价上涨的幅度将大大增强。

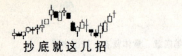
抄底就这几招

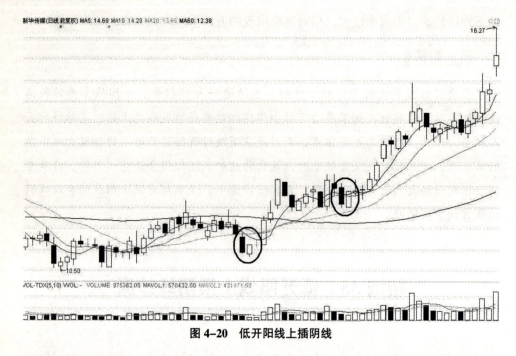

图 4-20 低开阳线上插阴线

第五章　以点带面，点线结合
——领悟形态抄底精髓

招法 36　形态法抄底

　　形态分析是技术分析中常用的方法之一，也是抄底的必备工具。所谓形态，是指反映股价变化的 K 线图形所呈现出来的各种规则图形。形态分析就是通过统计历史上这些规则的图形出现后，股价的走势情况，用以分析股价现在的走势，并对其将来的运行方向做出预测。事实上，形态分析源自于对趋势转折的研究，而发现底部正是趋势转折的重点考察内容，是抄底的必备理论和方法。在道氏理论中，按照趋势的规模，可将趋势分为基本趋势、次要趋势、短暂趋势。根据道氏理论的法则，进行趋势操作时，可以对短暂趋势忽略不计。根据趋势的运行方向，可以将趋势分为上升趋势、横向趋势和下降趋势。根据趋势的类型，可将形态分为两类："反转形态"和"整理形态"。

一、反转形态

　　所谓反转形态，是市场经过了一轮上涨或下跌之后，由于动能消耗殆尽进入了横盘整理阶段，经过盘整之后，市场无力再持续原来的走势，因而出现了与原趋势相反的走势。图 5-1 为 2015 年 3~5 月奋达科技（002681）股价持续上涨，至 5 月 3 日开始进入盘整，6 月 12 日盘整结束，股价反向急剧下滑，进入反转形态。

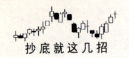

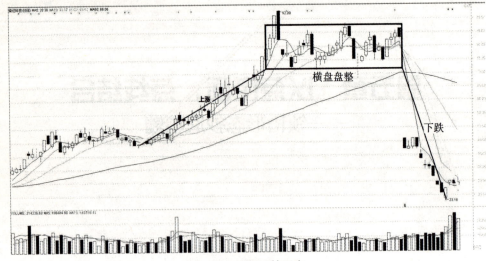

图 5-1　顶部反转形态

一般而言，通常在趋势反转过程中，价格波动比较大，反转的区域亦扩大，所需要经历的时间也就较长，因此反转形态必然使股价产生较大变动；反之，股价波动小，反转的区域亦较小，所需要经历的时间也较短。例如，股价在某一价位区域上下震荡，而且历时几个月，成交量巨大，若反方向变动，则此形态自然成为支撑或阻力，影响股价波动极大。

就反转形态而言，其基本上可以分为以下几类：双重形态、头肩形态、潜伏形态、圆弧形态以及 "V" 形形态等。

在实际操作中，对于反转形态的分析，投资者需要把握反转形态所必备的几个要点：

（1）市场必须在此形态之前存在明显趋势的行情。这是判断任何一个反转形态所必需的前提条件。如果分析对象在该形态前的趋势越模糊，则该形态成为反转形态的可能性就越小。

（2）最重要的趋势线被有效突破。在反转形态的判断上，这是意味着此前较长时间形成的趋势即将出现反转的一个十分重要的信号。

（3）如果反转形态形成在底部位置，那么在该形态出现向上突破的后半段则要求伴随着成交量的逐渐放大。成交量往往在重大阻力位被突破的时候起到关键的作用，量价配合越理想，其可靠性就越强。图 5-2 为山东如意股（002193）2014 年 11 月至 2015 年 5 月的走势图，图中显示 2014 年 12 月 19 日该股出现跳

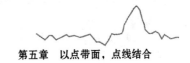

空下跌，12 月 22 日起横盘整理至 2015 年 1 月 16 日结束，随着成交量的急剧放大，股价出现连续三个跳空反转上涨，走势看好。

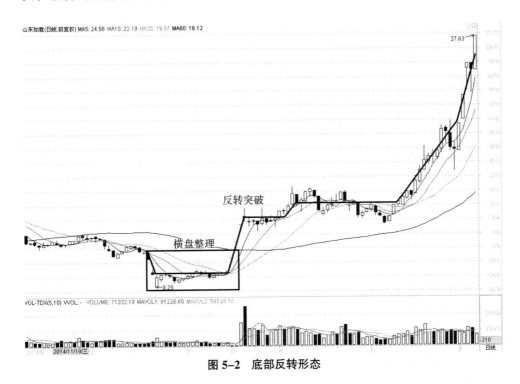

图 5-2　底部反转形态

（4）反转形态的跨度和波动幅度越大，反转形成后所出现的行情变动幅度就越大。

二、整理形态

所谓整理形态，是指股价经过一段时间的快速变动后不再前进，在一定区域内上下波动。使趋势暂时停顿，开始进入休整状态的表现形式。但这些形态一般不会持续太长时间，随后股价会选择一个突破方向，因最终大多数形态都会选择朝原趋势方向突破，之后继续沿趋势运行，所以我们又称这些图形为"中继形态"。就整理形态来讲，主要包括三角形形态、旗形形态、楔形形态以及矩形形态等。图 5-3 中的国药一致（000028）7 个月内就经过了两次盘整，2014 年 11 月至 2015 年 3 月第一次盘整历时 4 个多月，之后股价快速升至 86.49 元，随即开始短期的休整，4 月 13 日开始，5 月 7 日结束，股价开始持续上涨，走势看好。

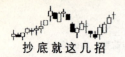

图 5-3 矩形整理形态

整理形态是一种暂时方向连续的状态，这是一种过渡形态，一旦庄家完成目的（比如基本出货完毕），随之而来的就是转折。通常，出货完毕庄家常常会用剩余的筹码砸盘，于是形成破位。当然，如果你幸运的话，庄家也可能向上做"假突破"引诱你上当。不过，这种"假突破出货"常常出现在那些形态构筑较好、技术面和基本面较好的股票，往往较难"分辨"。

通常来讲，整理形态的幅度、位置、成交量决定了可操作性。基本上，大多数的整理形态波动较小，没有操作价值，因此不宜在整理期介入，等待整理结束重新选择方向之后操作都是较安全的。在整理过程中，越接近整理末期越要少参与，因为一旦整理结束，下跌将会给你带来迅速的亏损。而那些迟迟整理不向上突破的，则越接近末端越要考虑止损。

事实上，反转形态与整理形态没有非常明显的界限，而只是具备一定倾向性，整理形态可能演变为反转形态，反转形态也可能演变为整理形态，甚至有些形态本身就有双重性。所以，不必太在意名称和类别的划分，而应该把着重点放在对形态的分析。

另外，在对形态进行分析的时候，除了由价格所带来的形态需要被重点观察之外，还有两个重要的参考因素：成交量和测量目标。在价格形态的形成过程中，研究与价格数据伴随而来的成交量，是判断形态是否形成和是否可靠的技术指标。同时，绝大多数价格形态都有其具体的测量技术，可以确定出最小的价格

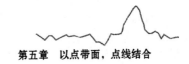

运动目标（空间），这些目标有助于对市场下一步的运动空间进行大致估算，避免投资者过早退出的失误。

抄底箴言

对于许多初学形态分析的投资者，自认为找到了一个简单易行的致富法宝，但在实战中却往往因之败北，常常会出现以下情况：当个股的 K 线组合出现底部形态之时买进，但股价却迟迟不涨甚至出现了下跌；当个股的 K 线组合出现顶部形态之时，抛出手中的股票，这时股价却出现大涨。事实上，这是由于投资者对于形态的分析仅停留在对图像表面的认识上（即形态的具体形状上），而忽略了形态所处的具体位置，照搬图形进行操作，其结果往往会在实战中摔得头破血流。庄家针对一般散户只重视形态分析中的图形表象，而忽略了同一图形形态所处的具体位置不同，其所代表的真实含义就不一定完全相同，甚至完全相反的情况，从而制造假象，诱使投资者做出错误的判断，以达到自己的目的。在具体应用的时候，如果发现底部图形出现在股价所处的顶部，顶部图形出现在股价所处的底部，必须应警惕庄家是否在"明修栈道，暗渡陈仓"，此时只有在操作上多运用逆向思维，才能够突破形态分析中的陷阱，并获得不错的收益。

招法 37　双重底抄底

一、双重底概要

1. 双重底的概念

一只股票持续下跌到某一水平后出现技术性反弹，但回升幅度不大，时间亦不长，股价又再下跌，当跌至上次低点时却获得支持，再一次回升，这次回升时成交量要大于前次反弹时成交量。股价在这段时间的移动轨迹就像"W"字，这就叫双重底，又称"W 走势"或"W 底"。是非常常见的底部信号，适于抄底操作（如图 5-4）。

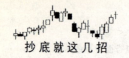

图5-4　双重底特征图

2.双重底的内在含义

客观来讲，如果是真正技术意义的双重底形态，其反映的是市场在第一次探底消化获利筹码的压力后下探，而后再度发力展开新的行情。既属于技术上的操作，也有逢低吸筹的意义，也就是在第一次上涨中获得的筹码有限，为了获得低位的廉价筹码，所以再度下探。这就反映出两重含义：一是做多的资金实力有限并且参与的时间仓促，所以通过反复的方式获得低位筹码，同时消化市场压力，否则市场的底部就会是"V"形的；二是市场的空方压力较大，市场上涨过程中遇到了较大的抛盘压力，市场并没有形成一致看多的共识，不得不再次下探。

3.双重底的趋势分析

事实上，在双重底形成之后，存在两种可能的趋势：

（1）未突破B点的压力位置，股价在A、B、C三点形成的狭窄范围内上下波动，演变成矩形，成为整理形态。

（2）突破B点的压力位置继续向上，这种情况才是双重底反转突破形态的真正出现。前一种情况只能说是一个潜在的双重底（如图5-5）。

图 5-5 双重底反转突破形态图

4. 双重底的技术特征

一般而言，双重底的特征可以归纳为以下几点：

（1）在它形成第一个底部后的反弹幅度一般在 10%左右。

（2）第一个低点的成交量比较大，触底回升的成交量也颇多，然而第二个低点的成交量却异常沉闷，并且第二个低点的外观，通常略呈圆弧形，所以说"W底"形态有左尖右圆的特征。

（3）突破之后常常有回抽，在颈线附近自然止跌回升，从而确认往上突破有效。

（4）第二个底点一般比第一个底点高，但也有可能比第一个低点更低，因为对庄家而言，探底必须要彻底，必须要跌到令多头害怕，不敢持股，这样才能达到低位建仓的目的。

（5）第一个低点与第二个低点之间，时间跨度应不少于一个月。一般情况下，若时间过短，则其信号的可靠性不高。从这个角度来讲，双重底底部酝酿时间是判断其真伪的标注。有些形态可能非常像双重底，但是从时间上看不足一个月，这就不会是中期底部。

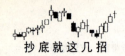

（6）在双底形成时，KD线、RSI等与大盘常出现底背驰状况。双底是个底部转势信号，但它转势信号的可靠程度比头肩底差，因为双底形形态只经历了两次探底，对盘面的清理不如头肩底那样来得彻底干净，这也就是有很多双底冲破颈线后又重新探底的一个重要原因。

二、双重底的要点分析

就双重底这一形态来讲，投资者在分析的时候要把握以下要点：

（1）成交量明显放大，不仅是上涨过程中有成交量配合，并且在下跌缩量中与前期相比也是明显放大的，表明有新资金介入，成交量越大越好。当然，如果是缩量直接涨停则是更强的表现。

（2）双重底完成后，突破颈线幅度超过该股市价3%以上时，是有效突破。测量完成双重底的最小升幅可用颈线价位减去最低位来测算价位，这一价差加上颈线位的股价，即是突破后目标位。在实际案例中，有些升幅更高，可达到最低价与颈线位距离的1.618倍或2倍。

（3）股价不能是连续急跌式下降行情，因为股价急跌式下降，虽然会跌得很深，也创出了新低，但连续急跌式下降，通常是有突发事件和重大利空消息发布。持股者无论是机构，还是散户都会恐慌出逃，不计成本地抛股票，这叫股价结构破坏。一旦股价结构破坏，恢复需要很长时间，看似出现了双重底，但不是涨几天又下跌了，就是横盘在那里不涨。

（4）双重底不一定都是反转信号，有时也会是整理形态，如果两个底点出现时间非常近，在它们之间只有一个次级上升，大部分属于整理形态，将继续朝原方向进行股价变动。相反，两个底点产生时间相距甚远，中间经过几次次级上升，反转形态形成的可能性较大。

三、双重底的操作策略

在实战中，对于双重底的操作，投资者需要把握以下几点：

（1）双重底有三次买入时机。第一次买入时机是当股价反弹后下跌至前次低点附近时；第二次买入时机是股价有效突破颈线位后明显缩量回抽时；第三次买入时机是在股价突破颈线回抽试探颈线支撑有效，再次放量上攻时（如图5-6）。

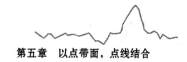

图 5-6　双重底的三次买入时机

　　从统计数字来说，绝大多数双底走势都会有一个回抽过程，因此一般不必担心股价冲破颈线后一路不回头而使资金踏空。即使在操盘中真的遇到股价冲破颈线后一路随升的情况，投资者也不需要过于恐慌，可在股价上升趋势明显后适量加入，因为股价涨势一旦形成就不会轻易改变，这个时候买进胜率还是比较大的；或者干脆移情别处，另觅良机，要知道股市里的钱是永远赚不完的。

　　（2）双重底也有演化成下降三角形或下跌过程中箱形整理或者假突破的可能，其后再创新低继续下跌。因此，仍应有止损的准备。在第二次下跌至前次低点附近买入的股票，当股价有效跌穿第一个低点时应止损；股价向上突破颈线位和回抽颈线时买入的股票，在股价跌至颈线位之下而又无上涨迹象时应暂时出局观望。

　　图 5-7 中的上峰水泥（000672）股价从 2014 年 12 月 29 日最高值 9.95 元开始下跌，到 2015 年 1 月 19 日跌至 7.43 元，出现探底线后，股价连续反弹了 11天，接着出现了一根小阴线，紧接着一根十字星线，股价打道回府，再创新低，最低价达 7.2 元，连续两根小阳线的出现预示着反转开始。

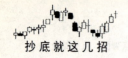

图 5-7　双重底的实战

抄底箴言

　　需要指出的是，许多投资者往往喜欢在市场趋势下跌中运用这种技术形态来判断底部和预测未来。然而，在具体的操作中，如果大的趋势是向下的，途中出现这种短期的双重底多数情况下会演绎成"M头"形态继续走低。真正成功使用该种技术形态是在大趋势向上途中，市场股指或者个股股价遇到了获利回吐的压力后出现的调整和波动，只有这时成功的概率才较高，而在趋势向下的情况下运用这种形态判断底部常常是错误的。所以，在实战操作时，投资者应重点关注大趋势向上（至少不是向下）的个股。

招法 38 三重底抄底

一、三重底概要

1. 三重底的概念

三重底或多重底实际上是双底的复合形态，当双底即将形成时，由于碰到一些偶发性的利空消息使股价再次回落，但当回落到前两次低点时，股价得到有效的支撑，股价再次上升，并有效突破颈线，这样便形成了三重底。三重底的底部特征比双底更加可靠，因而抄底操作更稳健（如图5-8）。

图 5-8　三重底形态

2. 三重底的形成机理

庄家在吸筹阶段需要大量吃进股票，买盘的介入使股票成交放大。短线跟风客入场抢筹码，使股价推高。庄家此时如果没有买到足够的数量，便会在某一价

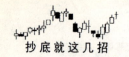

位时，通常是前期成交密集区或重要技术位处向下砸盘，迫使部分短线跟风盘离场，股价下跌，庄家趁机再吸货，反抽至前期高点后，庄家如法炮制，剩余短线客为了避免再次坐"电梯"。随后形成第3次底部，待股价重新回到颈线处，如果发现浮动筹码已寥寥无几时，便一举突破。如还有较多浮筹，则再多做几个来回。日K图则形成2个以上凸点、3个以上的底，称为多重底。

3. 三重底的技术特征

一般来讲，三重底的技术特征主要有以下几点：

（1）三重底底谷与底谷的间隔距离不必相等，同时三重底的顶部不一定在相同的价位。

（2）三个低点的价位不必相等，允许相差不超过3%。

（3）三重底在第三个底部上升时，成交量剧增，股价具有突破颈线的趋势。

（4）三重底突破其颈线时，上升的幅度至少相当于颈与底之间的距离。

二、三重底的要点分析

就三重底来讲，其分析要点可以归纳为以下几个方面：

（1）三重底形态的三次低点时间，通常至少要保持在10~15个交易日以上，如果时间间隔过小，往往说明行情只是处于震荡整理中，底部形态的构筑基础不牢固，即使形成了三重底，由于其形态过小，后市上攻力度也会有限。

（2）在三重底形态中，市场的三次下探，应该伴随着较轻的成交量，而市场冲破两个波峰连接的阻力时，成交量应相应放大，否则突破的可信度将大打折扣。

（3）在三重底的最后一次上攻行情中，如果没有增量资金积极介入的放量，仍然会功败垂成。所以，三重底的最后一次上涨必须轻松向上穿越颈线位时才能最终确认。股价必须带量突破颈线位，才能有望展开新一轮升势。

一般情况下，当股价的收盘价向上有效突破颈线的幅度超过3%以上时，并伴有大的成交量配合放出，才为有效突破。颈线一旦被有效突破后，股价将进入一个较长的上涨时期。

（4）与双重底形态一样，三重底形态一旦形成，其准确性很高且向上突破的力度很强。股价向上有效突破颈线后，其上升空间最少相当于底部至颈线的垂直距离，即基本量度升幅。而且在实际三重底形态中上升幅度往往会超过基本量度升幅，并且构筑三重底的时间越长，其未来的上升空间也就越大。

三、三重底的操作策略

在实战中，对于三重底的操作，投资者需要把握以下几点：

（1）在三重底形态中，短线投资者可以在第二谷、第三谷底处部分买入，在颈线附近卖出，等股价突破颈线时再大笔买入。

通常来讲，一旦股价有效突破颈线，会出现一个持续时间较短的回落（3 个交易日左右），确认颈线是否为有效突破。而股价只要不跌破颈线就会很快加速向上扬升，投资者应抓住这最好的中短线机会，及时参与操作。

（2）股价第三次探底且明显缩量时也是较好的买入时机。

（3）三重底突破后，市场同样会面临习惯性的反扑，这种反扑应以低位两波峰连接的直线即颈线为支撑。如果支撑不住，股价收盘在颈线之下，则说明三重底无效，应及时止损。

（4）突破后的反抽是对形态的进一步确认，投资者也可以在反抽确认完毕，股价再次上升时买入。

图 5-9 银星能源（000862）在 2014 年 12 月 22 日股价下跌至 7.45 元，第 1 个底部形成，随后股价缓慢盘升至 7.88 元，随即股价掉头向下，形成第 1 个凸

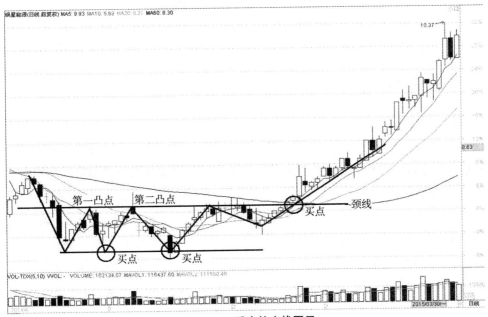

图 5-9　三重底的实战图示

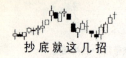
点；股价再次下跌探至前期底部，形成三重底的第二个底，最低价格为7.56元，说明这一区域的支撑有效，股价缓缓返身向上，形成第2个凸点，但凸点并不明显；股价在2015年1月19日形成了三重底的第3个底，最低价格7.2元时，股价上涨，走势看好。

抄底箴言

需要提醒投资者的是，在具体应用的过程中，不能仅仅看到有三次探底动作或者已经从表面上形成了三重底，就认定是三重底而盲目买入，这是非常危险的。因为有时即使在走势上完成了形态的构造，但如果不能最终放量突破其颈线位的话，三重底仍有功败垂成的可能。三重底由于构筑时间长，底部较为坚实。因此，突破颈线位后的理论涨幅，将大于或等于低点到颈线位的距离。所以，投资者需要耐心等待三重底形态彻底构筑完成，股价成功突破颈线位之后，才是最佳的建仓时机。大可不必在仅有三个低点和形态还没有定型时过早介入，虽然有可能获取更多利润，但从风险收益比率方面计算，反而得不偿失。

招法 39 头肩底抄底

一、头肩底概要

1. 头肩底的概念

股价经过一轮下跌后，出现一轮力度不大的反弹，形成"左肩"，这时股价在强大的下跌惯性作用下，再创新低，其后，股价再次弹起至"左肩"反弹高点位置出现回落，构筑"头"，股价回落至"左肩"低点附近，再次弹起，形成"头"，股价有效突破两肩高点连线，形成"右肩"，从整个图形上来看，犹如人类的头部与两肩，而底部出现这种形态称为头肩底。头肩底形态也是比较稳健的抄底形态。图5-10为天业通联（002459）在2014年11月至2015年7月股价走势图，图中形成头肩底阶段为2014年11月25日至2015年2月6日，之后的股价上升，虽期间有短暂回落，但总体趋势呈现上升态势。

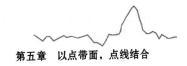

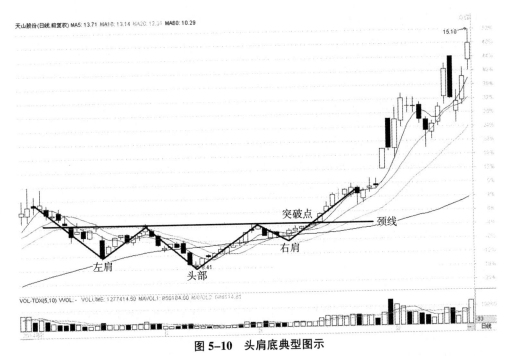

图 5-10 头肩底典型图示

2. 头肩底的技术特征

一般而言，头肩底的技术特征可以归纳为以下几点：

（1）形成左肩部分时，在下跌的过程中成交量显著地增加，在左肩最低点回升时，成交量则有减少倾向。接着又再下跌，且跌破上次的最低点，成交量再次随着下跌而增加，较左肩反弹阶段时的成交量多。从头部最低点回升时，成交量有可能增加。整个头部的成交量来说，较左肩为多。

（2）当行情回升到上次的反弹高点时，出现第三次回落，这时的成交量明显少于左肩和头部，价格再跌至左肩的水平，跌势便稳定下来。

（3）正式启动依次升势，且伴随成交量增加，当其颈线阻力冲破时，成交量显著上升，整个形态便告成立。

3. 头肩底的市场含义

从操作角度来看，头肩底的构筑过程是庄家逐渐加仓吸货，对股价的控制力逐渐增强的过程。左肩构筑开始，是庄家大举吸货的开始，因筹码分散，庄家对股价的控制力还不强才有了"头"的部分，这部分庄家在低位大举买入，而散户却恐慌杀出，股价在庄家建仓的力量下，完成了"头"部的构筑，这时庄家对股

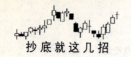
价已经有了一定的控制力，股价再次向下进行洗盘，方便吸筹，就有了"右肩"。整体来看头肩底的各部分环环相扣，是庄家吸筹过程的完美体现，突破颈线后，吸货洗盘过程结束，股价就会一飞冲天，不再回头。

二、头肩底的要点分析

通常情况下，头肩底的分析要点可以归纳为以下几点：

（1）头肩底是一个"转向形态"，通常在熊市的底部出现。

（2）当颈线阻力突破时，必须要有成交量激增的配合，否则这可能是一个错误的突破。不过，如果在突破后成交量逐渐增加，形态也可确认。

一般来讲，在头肩底形成完成之后，可由左肩顶经过底部之高点画条向上倾或向下斜的直线，当股价配合成交量上升，突破颈线后，上升速度没有减慢，收盘价突破颈线幅度超过该股市价 3% 以上，是有效突破。

（3）头肩顶的颈线，绝大多数是向下倾斜的，如果出现颈线向上倾斜的情形，则说明市场探明底部的确定性更大，表明下跌的力度已经相当微弱，市场中买盘的推动力已经超过了卖盘。图 5-11 是京新药业（002020）的走势图，京新药业2014 年 11 月至 2015 年 4 月探底过程中出现的颈线向上倾斜的特征，预示着股价势必上涨。

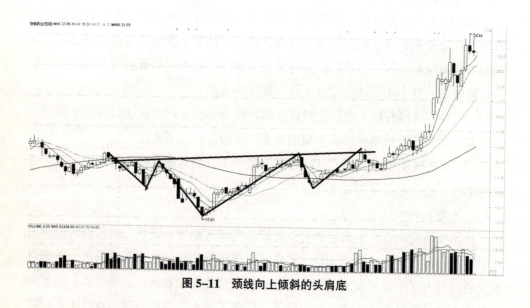

图 5-11 颈线向上倾斜的头肩底

（4）头肩底其"最少幅度"的量度方法是从头部的最低点画一条垂直线相交于颈线，然后，在右肩突破颈线的一点开始，向上量度出同样的高度，所量出的价格就是将会上升的最小幅度。

三、头肩底的操作策略

在实际操作中，对于头肩底的应用，投资者应关注以下几点：

（1）头肩底形态有两个较好的买点，第一个买点出现在右肩位置，第二个买点则出现在个股向上突破颈线时。一般来说，若头肩底形态相对开阔，则可以结合个股的前期累计跌幅、近期的企稳走势来及时地预估到这种反转形态的出现，从而在右肩处买股入场；若头肩底形态相对窄小，则可以在个股向上突破颈线、头肩底形态完全形成之后再入场。此时，趋势反转上行态势明确，个股后期仍有较大的上涨空间。

（2）股价向上突破头肩底形上轨的阻力时，如果成交量迅速放大，则应在第一时间狙击。

（3）股价在突破颈线之后，常常有回抽，在颈线附近止跌回升，从而确认向上突破有效，投资者可以在股价放量突破颈线经过回探颈线再次放量上升时买进。

（4）投资者需要观察的位置（即横盘整理的平台），一般不应太长，其时间在两周附近，太长时间横盘的个股，投资者应注意其中的风险。

（5）头肩底向下突破探底的时候，其下跌的幅度不应太深，反弹的力度要大于下跌的速度。

（6）若股价向上突破颈线时成交量并无显著增加，很可能是一个"假性突破"，这时投资者应逢高卖出，考虑暂时退出观望。另外，如果股价突破颈线后，某一天又收盘在颈线之下，也说明头肩底的突破是假突破，是失败的头肩底，应及时止损。

抄底箴言

需要强调的是，与任何技术操作技巧一样，选择用头肩底形态选择个股操作的时候，也要注意风险控制，一旦失败了要注意及时止损。如果右边平台盘整的时间过长，往往意味着新的下跌会来临，此时就应及时出局，以避免更大的损失。因为头肩底失败后后市下跌的空间会更大，有的还会创出新低。

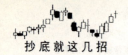

招法 40　潜伏底抄底

一、潜伏底概要

1. 潜伏底的概念

股价在一个极狭窄的范围内横向移动，每日股价的高低波幅极少，且成交量亦十分稀疏，图表上形成一条横线般的形状，这形态称之为潜伏底，潜伏底的研判适于长线底抄底操作（如图5-12）。

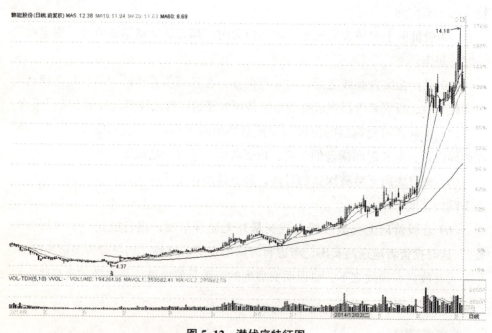

图 5-12　潜伏底特征图

2. 潜伏底的技术特征

一般而言，潜伏底的技术特征可以归纳为以下几点：

（1）低位整理的时间漫长。所谓"潜伏"，亦即长期备受市场冷落，被投资者"打入冷宫"，在大盘的多次行情中表现平平，一度成为人们忽视的冷门股。

"长期"的标准，短则一年，长则数年。

（2）筑底前已有充分的调整。只有跌得深、跌得透，才会为后市的上升打开空间。

（3）低位明显有增量资金介入。成交量是股价上行的"石油"，只有在低位添加充足的能量，庄家才能向更高、更远的目标迈进，投资者可统计一下在低位潜伏期的成交量以及换手率，低位换手率越高，通常庄家吸纳的筹码越多。

3. 潜伏底的市场含义

潜伏底的形成是由于股价经过长期下跌，已到了跌无可跌的地步，投资者暂时找不到买进的理由，多空双方达成平衡，致使股价在一个极其狭窄的区间内波动，成交量也萎缩至极点，在 K 线上表现为小阴小阳交错的水平状。最后，在利好消息的刺激和庄家的参与下，股价向上突破，成交量也不寻常地放大，上升行情迅速展开。

二、潜伏底的操作策略

在实战中，对于潜伏底的操作，投资者需要把握以下几点：

（1）潜伏底完成的时间一般较长，少则几星期，多则数月以上，买入过早则等待时间过长。因此，潜伏底的最佳买点是股价放量向上突破时。由于潜伏底形成的时间较长，一旦上涨爆发力极强，上升的空间很大。"横有多长，涨起来就有多高"，就是指这种形态。

（2）投资者要有追涨的勇气。潜伏底一旦爆发，上攻势头十分猛烈，常常会造成连续逼空的行情，而多数投资者对潜伏底，爆发出来的直窜行情不知所措，一看连续拉出的大阳线就不敢再追涨这是很错误的。有人认为，潜伏底往上发动时，只要股价上涨幅度不超过 50%，成交量保持价升量增的态势，就可以追涨。

（3）当潜伏底在突破后又跌回平台区域甚至跌破前期的最低价，这有可能仅是下跌中途整理，应止损出局。

（4）潜伏底形态的个股通常成交稀少，股价变化不大，容易被投资者忽视。然而，一旦爆发，涨幅相当惊人。对于投资者来讲，为了避免与这种形态的股票擦肩而过，可以将日 K 线显示窗口的时间放大到半年甚至一年以上，这样容易发现股价波幅小，日 K 线呈"一条线"形态的个股。

图 5-13 为天壕节能（300332）在 2014 年 8 月 1 日至 2015 年 5 月 19 日的走

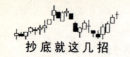

势图，从图5-13中可以看出，该股在此阶段内是典型的水平型潜伏底走势。该股在8月之前经过一段时间的下跌后，于2014年8月初开始沿图形下沿进行长时间的潜伏震荡，但震荡幅度很少超过10%。这种窄幅震荡一直持续到2015年2月27日跳空高开收阳之前。随后股价略做休整，便展开了快速拉升。

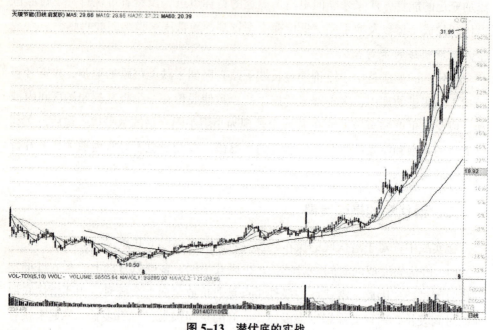

图5-13 潜伏底的实战

抄底箴言

潜伏底与其他底部形态不同的是，潜伏底一旦向上突破之后，股价就一路上蹿，很少会出现回探现象，就像长期处于休眠状态的火山一样，一旦开始喷发就会永不停止，这真可谓"不鸣则已，一鸣惊人"。虽然潜伏底具有这样巨大的上升潜能，但其正抄到潜伏底的人却很少。究其原因，主要是由于投资者的入市时机选择失误。潜伏底的主要特征是成交量几乎处于停滞状态，而且历时很长。投资者在潜伏底构筑过程中，因过早入市受不了股价长时期不死不活的折磨，在股价发动上攻行情前离它而去，这是很可惜的。

招法 41　圆弧底抄底

一、圆弧底概要

1. 圆弧底的概念

圆弧底是一种非常可靠，但又很少见的底部形态，一般出现在优质股票或基本面发生重大变化的股票上。股价走势先是下跌，由急到缓然后走平，持续一段时间开始缓慢加速上涨，一直涨到开始下跌的价位，整个形态粗看起来犹如一个向下弯曲的优美圆弧，所以叫圆弧底。也有人认为像一个碗形或碟形走势，所以也有人称其碗形底或碟形底。圆弧底是一种适于中长线抄底的形态（如图5-14）。

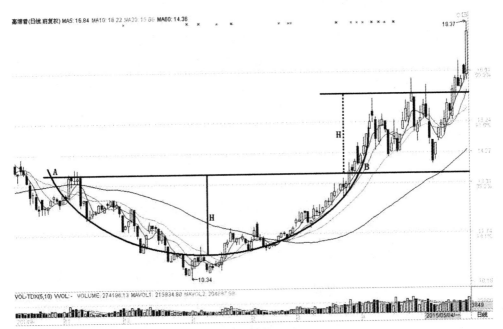

图 5-14　圆弧底的特征

2. 圆弧底的形成机理

市场在经过一段卖方力量强于买方力量的下跌之后，卖方趋弱仅能维持原来

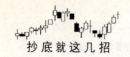

的购买力量，使跌势缓和，而买方力量却不断加强，即行情回落到低水平时渐渐稳定下来，这时候成交量很少，投资者不会不计价抢高，只是有耐性地限价收集筹码，后期则由买方完全控制市场，于是价格逐步向上运行形成一个圆弧的底部。

3. 圆弧底的技术特征

一般来讲，圆弧底的技术特征可以归纳为以下几点：

（1）圆弧底的股价变动简单且连续，先是缓缓下滑，而后慢慢上升，K线连线呈圆弧形。

（2）成交量变化与股价变化相同，先是逐步减少，伴随股价回升，右边的成交量也逐步增加，同样呈圆弧形。

（3）整个底部的建立耗时较长，一般3个月以上。

（4）圆弧底成功以后，中长期升幅往往比较大。从颈线位（图中水平线AB）处上涨高度应该与底部到颈线位高度H一样。

二、圆弧底的要点分析

在通常情况下，对于圆弧底的分析可以归纳为以下几点：

（1）圆弧底形态的确认一般要等到股价从底部涨回到下跌前的高点时（也即碗沿处）才可以确认，此时股价已经从底部上涨了20%，但由于圆弧底是非常充分的调整走势，真正的涨升还刚刚开始。

（2）圆弧底形成末期，股价迅速上扬形成突破，成交量也显著放大，股价涨升迅猛，往往很少回档整理。

（3）在形成圆弧底后，股价可能会反复徘徊形成一个平台，这时候成交已逐渐增多，在价格突破平台时，成交量必须显著增大，股价才会加速上升。

（4）假如圆弧底出现时，成交量并不是随着价格作弧形的增加，则该形态不宜信赖，应该等待进一步的变化，待趋势明朗时再做决定。

三、圆弧底的操作策略

在实战中，对于圆弧底的操作，投资者需要把握以下几点：

（1）在圆弧底构筑成功之后，其股价一般都沿着翘涨的惯性不断地往上冲，直至出现暴涨。在其右边往上翘涨的过程中，一般有好几个交易日，每天的K线不是大涨的长阳线，涨、跌幅也都很小，整体呈现温和上涨、温和放量态势。在

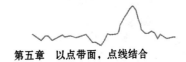

此期间，投资者可以在任何时候以任何价位买进，一般都会有获利的机会。

（2）一旦个股左半部完成后股价出现小幅爬升，成交量温和放大形成右半部圆形时便是中线分批买入时机。股价放量向上突破时是非常明确的买入信号，其突破后的上涨往往是快速而有力的。所以，圆弧底末期是投资者参与的最佳时机。此外，突破圆底后，股价会有回调，也是买入良机（如图5-15）。

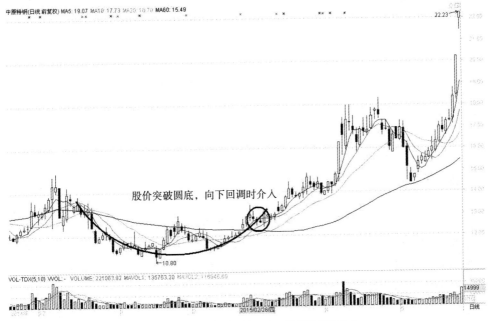

图5-15　股价突破圆底，向下回调时可介入

（3）同"潜伏底"相似，"圆弧底"耗时长，所以不应过早介入。而且，投资者需要注意以下几点：第一，在买入之前必须确认成交量的底部已形成。第二，要在连续几日温和放量收阳线之后。第三，如果在"圆弧底"形成末期出现整理平台，则应在成交量萎缩至接近突破前成交量水平时及时抢进。

图5-16为七喜控股（002027）2014年10月30日至2015年4月30日走势图，从图5-16中可以看出，该股在2014年11月12日开始大幅下跌之后，在构筑底部的过程中，股价的变化呈现圆弧状，且完成的时间达6个月，成交量温和放大形成右半部圆形，此时便是中线分批买入时机。

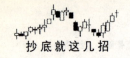
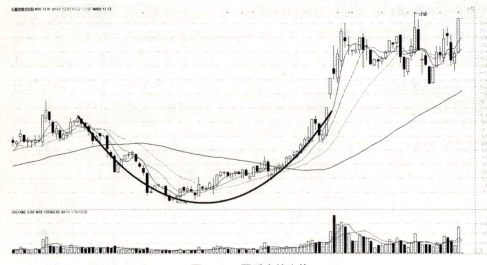

图 5-16　圆弧底的实战

抄底箴言

　　值得投资者注意的是，由于圆弧底易于辨认，有时太好的圆弧底反而被庄家用来出货形成骗线。像某些个股除权后在获利丰厚的情况下，庄家就是利用漂亮的圆弧底来吸引投资者。因此，如果公认的圆弧底久攻不能突破或突破后很快走弱，特别是股价跌破圆弧底的最低价时，投资者应及时止损，离场观望。

招法 42　"V 形底"抄底

一、"V 形底"概要

1. "V 形底"的概念

　　所谓"V 形底"，又可以称为尖底，是指股指连续长阴下跌到重要支撑位，以"V"形反转方式连续长阳上攻，形成"V"形反转的底部样式，是一种变化较快、转势力度极强的反转形态，一般为短线抄底信号。

2. "V形底"的类型

就"V形底"而言,其又可以分为两类:一种是连续长阴下跌见底后,底部不作整理,直接以连续长阳的方式展开上攻,形成典型的"V"形底部形态;如图5-17中东晶电子(002199)走势图中形成的"V字底"就比较典型。

图5-17 典型的"V"形底部形态

另一种是连续长阴下跌见底后,在底部不作整理,展开一两天的长阳上攻后,进行强势横盘整理,然后再次上攻,形成类似于半边头肩形的"V"形底部形态。

3. "V形底"的技术特征

一般来讲,"V形底"的技术特征可以归纳为以下几点:

(1)股价在长期下跌途中,开始是缓慢下行,后来跌势开始转急,伴随成交量放大。在下跌到某一低点之后跌势突然被逆转,股价转而大幅上扬,留下一个尖尖的底部。当空头能量彻底释放之后,也就是转势来临之时。随后就是多头力量渐占上风,股价反转向上,"V形底"形成。

(2)股价下跌到一定地位之后,开始引起场外机构资金的关注。在下跌途中,庄家会先吸纳一定数量的筹码,然后再将股价打下一个台阶,所以才会出现放量急挫的现象。当股价创出新低之后,引发大量恐慌性抛盘。此时,庄家再反手做多,在低位大量承接廉价筹码,所以,股价很快反转向上。

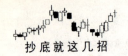

（3）"V形底"在形成过程中，K线实体较大，往往会表现出大起大跌的市场特征。

4."V形底"的市场含义

在下跌趋势中，市场卖方力量很强，股价持续挫落，看空的气氛使得股价下挫的速度越来越快，最后出现恐慌性杀跌。空头能量极度宣泄，当沽售力量消失之后，买盘逢低介入，走势出现了戏剧性的变化，股价触底后便一路扬升，上涨趋势形成，市场看好氛围加强，买盘强劲增多，股价上涨的速度越来越快，引发抢购高潮，出现暴涨，比下跌时更快的速度向上推进，收复所有失地。

二、"V形底"的操作策略

"V形底"的应用技巧与圆弧底的应用技巧明显不同，运用"V形底"选股时，不必过于看重形态的大小和构筑时间的长短。由于"V形底"的投资属于一种短线投资，所以形态即使较小也不会影响实际的可操作性，相反，过大的"V形底"反而难以形成强劲的反弹行情。在实际操作中，投资者在应用"V形底"时，需要重点关注以下几点：

（1）在"V"形底部开始形成之际，投资者要敢于进场抄底，前期下跌的幅度越大，则后市上涨的空间就越大，投资者切不可仍然停留在熊市的思维和心态之上，以致错失制胜的良机。

（2）"V形底"不易在图形完成前被确认，因此，在遇到疑似"V形底"的场合，如果投资者已经买进股票，应该随时注意股价的发展，保守一些的投资者，则可等到股价以大成交量突破左肩高点，完成"V"形反转之形态时，才买进股票。

（3）"V"形走势在转折点必须有明显成交量配合，股价在突破伸延"V形底"的整理区底部时，必须有成交量放大的配合，在跌破伸延"V"形的整理区底部时，则不必有成交量放大。中长线投资者可在股价有效突破"V"形颈线位时迅速介入，必定有很大收益。

（4）"V形底"的反转持续性不是很好，如果上升趋势可以不断保持，则继续持股获利；否则，股价一旦在高位滞涨，形成明显的风险性量价配合，投资者就应当及时出局。

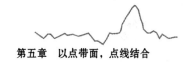
三、"V 形底"的实战案例

图 5-18 为 ST 金化（600722）2014 年 12 月 5 日至 2015 年 3 月 27 日走势图，从图 5-18 中可以看出，该股股价从 2014 年 12 月初开始出现下跌，在底部进行了短暂整理，大量买盘的涌入促使股价升高，连续性拉出多根阳线，向上反转。成交量也随着股价的上涨呈现显著放大的状态。短线投资者可以在低位积极介入抢反弹，短线会有不小的收获。

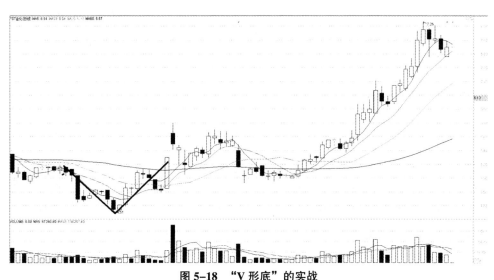

图 5-18 "V 形底"的实战

抄底箴言

值得投资者注意的是，"V 形底"反转虽然是很有上升潜力的形态，但它不容易操作，一般只给投资者一次买入机会。因为在短时间内暴涨给投资者研判的时间非常短，机会稍纵即逝，股指和股价在底部停留的时间极短，所以想在底部抄底几乎不可能。因此，投资者可以在股价刚放量上涨时追涨买入。如果投资者已经报了买单，但因股价上涨速度过快没能成交，则应坚决撤单，报更高价追入。当然，如果股价已经太高了，就要放弃买入。

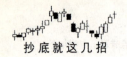

招法43 岛形底抄底

股市持续下降一段时间后，有一日忽然向下跳空下跌，接着股价位于低水平徘徊，很快价格又再跳空上涨，两边的缺口大约在同一价格区域发生，使高水平争持的区域在图表上看来就像一个倒置的岛屿的形状，成交量在形成的岛形期间十分巨大；岛形底部经常在长期或中期性趋势的底部出现，是中短线抄底信号。

一、岛形底概要

1. 岛形底的概念

股价在经过持续下跌一段时间后，某日突然跳空低开留下一个下调缺口，随后几天股价继续下沉，但股价下跌到某低点又突然峰回路转，股价向上跳空开始急速回升，这个向上跳空缺口与前期下跌跳空缺口，基本处在同一价格区域的水平位置附近，使低位争持的区域在K线图表上看来，就像一个远离海岸的孤岛形状，左右两边的缺口令这"岛屿"孤独地立于"海洋"之上，这就是底部岛形反转，简称为岛形底（如图5-19）。

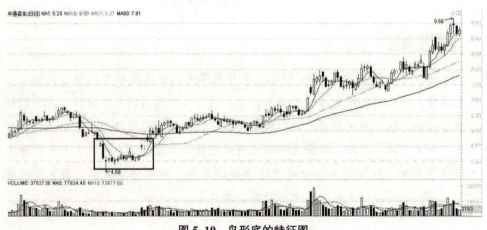

图 5-19 岛形底的特征图

2. 岛形底的技术特征

一般来讲，岛形底的技术特征可以归纳为以下几点：

（1）在股价相对低位区域发生。

（2）在下跌行情中，股价已有了一定的跌幅后，某日突然跳空低开，留下了一个缺口，日后几天股价继续下沉。

（3）当股价下跌到某低点又突然峰回路转，股价开始急速回升，并留下了一个向上跳空的缺口。

（4）前后两个缺口处在同一价位区域，岛形反转时常伴随着很大的成交量。

二、岛形底的要点分析

就岛形底形态来讲，其分析要点可以归纳为以下几点：

（1）底部岛形反转是个转势形态，它表明股价已见底回升，将从跌势转化为升势。虽然这种转势并不会一帆风顺，多空双方会有一番激烈的争斗，但总的形势将有利于多方。

（2）在底部发生岛形反转后，股价免不了会出现激烈的上下震荡，但多数情况下，股价在下探上升缺口处会戛然止跌，然后再次发力向上。

（3）岛形部分的成交量一般比跳空前下跌时成交量还要小，表现出一种特有的萎缩整理特征，而在股价脱离岛形盘整部分时，成交量应该急剧膨胀扩大，以支持股价上涨，否则，涨势将难以持续下去。

三、岛形底的操作策略

在实战中，对于岛形底的操作，投资者需要把握以下几点：

（1）面对这种底部岛形反转的个股，投资者首先应想到形势可能已经开始逆转，不可再看空了。激进的投资者可在岛形反转后向上跳空缺口的上方处买进，稳健的投资者可在股价急速上冲回探，向上跳空缺口获得支撑后再买进。

（2）根据"缺口理论"，向上跳空的缺口被封闭后，后市就会转弱。但也有很多个股底部岛形反转向上跳空缺口被封闭后，股价并不继续下跌，而是重新发力上攻。因此，投资者对那些填补向上跳空缺口之后，再度发力上攻，跃上跳缺口上方的个股要密切加以关注，持筹的仍可持股做多，空仓的可适时跟进。但是，对填补向上跳空缺口后，股价还继续下沉的个股，投资者就要及时看空，

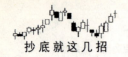

止损离场。

（3）岛形反转在岛形之内会有相当大的套牢盘，使得该价位成为天然的阻力区或支撑区。岛形反转的突破会十分剧烈，因此在突破发生之时应果断做出决定。

四、岛形底的实战案例

图 5-20 为深天马（000050）A 在 2014 年 10 月 28 日至 2015 年 6 月 2 日的走势图。经过观察可以发现，该股于 2014 年 12 月 19 日向下跳空低开收阴，在 K 线图上留下了一个向下的跳空缺口（A 处）。经过一段时间的底部震荡，在 2015 年 1 月 14 日向上跳空，在 K 线图上留下了一个向上的跳空缺口（B 处）。两个缺口之间构成一个底部岛形反转形态，在 B 处形成向上的跳空缺口之后，股价一路上扬。

图 5-20　岛形底的实战

抄底箴言

实战经验表明：岛形反转的分析意义，不亚于几种最主要的转势形态。它在反转方面的价值，不仅在于反转的信号，同样在于反转发生的强度。

第六章　股海行舟，均线指路
——透析均线抄底攻略

招法 44　均线抄底

一、均线的概念

所谓均线，全称为移动平均线，简称"MA"，是以"平均成本概念"为理论基础，用统计处理的方式，将若干天的股票价格加以平均，然后连接成一条线，用以观察股价未来发展趋势的技术分析方法。其基本诉求是消除股价随机波动的影响，以寻求股价波动的趋势。

由于该指标是反映价格运行趋势的重要指标，其运行趋势一旦形成，将在一段时间内继续保持，趋势运行所形成的高点或低点又分别具有阻挡或支撑作用，因此均线指标所在的点位往往是十分重要的支撑或阻力位，是研判底部、进行抄底操作必不可少的有效工具。

二、均线理论

移动平均线由美国投资专家葛兰威尔所创立，由道氏股价分析理论的"三种趋势说"演变而来，将道氏理论具体加以数字化，从数字的变动中去预测股价未来短期、中期、长期的变动方向，为投资决策提供依据。

事实上，均线理论的本质是市场的成本趋势，而股价的涨跌始终围绕市场成

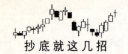

本，因此，代表成本的均线在实际操作中十分重要。具体来讲，投资者对于均线理论的把握，最好的参考依据就是葛兰威尔法则。

（1）均线从下降逐渐走平且略向上方抬头，而股价从均线下方向上方突破，为底部买进信号（如图6-1）。

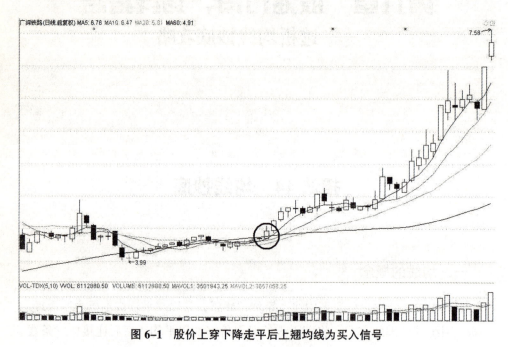

图6-1　股价上穿下降走平后上翘均线为买入信号

（2）股价位于均线之上运行，回档时未跌破均线（特别是10日均线）后又再度上升时为短线底部买进时机（如图6-2）。

（3）股价位于均线之上运行，回档时跌破均线，但短期均线继续呈上升趋势，为短线底部买进时机（如图6-3）。

（4）价格突然暴跌，跌破均线且在短时间内进一步向下远离均线（特别是10日均线），则有较大可能产生反弹上升，是短线底部买入时机（如图6-4）。

三、均线的计算方法

通常来讲，均线的计算方法就是连续若干天收盘价的算术平均，涉及的参数为天数和收盘价。计算公式如下：

N日移动平均线＝N日收市价之和/N

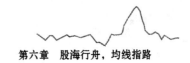

图 6-2　升势股价回档不破 10 日均线是底部买入时机

图 6-3　股价下穿升势均线

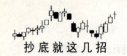

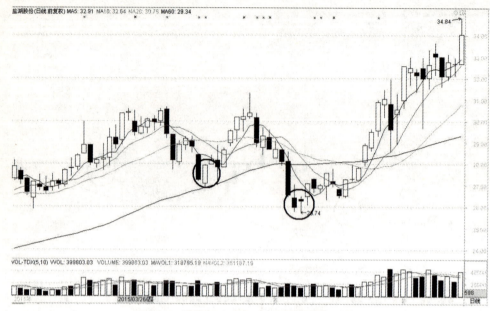

图 6-4　股价急跌远离 10 日均线是买入信号

以 MA5（即 5 日均线）为例，首先用五个交易日的收盘价相加，然后除以 5，得出第一个平均数；其次从第二个交易日开始，到第六个交易日，这五个交易日收盘价相加，然后除以 5，得出第二个平均数；以此类推，将每日不同样本大小的移动平均数表现在图纸上，连接起来，就是上下起伏的移动平均线；而 MA10、MA20 的区别就在于所采取的平均数样本的数量不同。

四、均线的特性

一般而言，均线的特性主要有以下几点：

1. 趋势性

从计算方法可以看出，均线在一定程度上过滤了偶然因素带来的影响，使投资者可以看清行情的大致趋势。

2. 稳重性

均线不会像日 K 线那样频繁地起起落落，而是起落得相当平稳。向上的通常缓缓向上，向下的通常会缓缓向下。

3. 安定性

通常越是长期的移动平均线，越能表现出安定的特性，即移动平均线不轻易

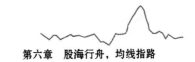

往上往下移动，必须股价涨势真正明朗了，移动平均线才会往上延伸。而且经常在股价开始回落之初，移动平均线却是向上的，等到股价下滑显著时，才见移动平均线向下走，这是移动平均线最大的特色。越短期的移动平均线，安定性越差、越长期的移动平均线，安定性越强。

4. 助涨助跌

均线反映了一段时间市场上的买卖意愿，反映在图表上，均线便有了支撑及压力的意义。这种特点使行情更可能继续发展下去。

5. 滞后性

MA 反映了一段时间的行情，当行情出现新的变化的时候，MA 往往较迟发出买卖信号，导致实际获利空间减小。

五、均线的几种重要形态

1. 黄金交叉

所谓黄金交叉，由 2 根移动平均线组成，一根时间短的均线由下向上穿过时间长的均线，且时间长的均线在向上移动。如 5 日均线上穿 10 日均线形成的交叉，10 日均线上穿 30 日均线形成的交叉，30 日均线上穿 60 日均线形成的交叉，60 日均线上穿 120 日均线形成的交叉等均为黄金交叉（如图 6-5）。

图 6-5 均线的"金叉"

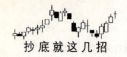

一般而言，黄金交叉的出现，说明后市将会走出一波上涨行情。而且，两根均线交叉的角度越大，上升的信号越强烈。但是，在市道不够强势或处于震荡市道时，如果出现60日均线"金叉"120日均线，或120日均线"金叉"250日均线，反而是强弩之末，到了股价上涨的后期，跌势随之来。因此，也不是中长期均线发生金叉，就能预示股价将上涨，还要依据具体的大市市况和个股的强弱而定。

2. 死亡交叉

所谓"死亡交叉"，是指下降中的短期均线由上而下穿过下降的长期均线，这时支撑线被向下突破，表示股价将继续下落，行情看跌。比如5日均线下穿10日均线形成的交叉，10日均线下穿30日均线形成的交叉，30日均线下穿60日均线形成的交叉，60日均线下穿120日均线形成的交叉，均为"死亡交叉"（如图6-6）。

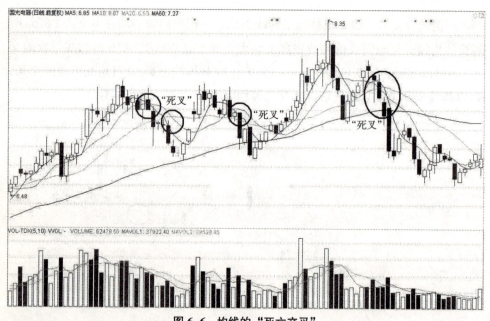

图6-6 均线的"死亡交叉"

需要注意，投资者仅仅依据黄金交叉或"死亡交叉"来买进或卖出是有片面性的。因为均线只是一种基本趋势线，在反映股价突变时具有滞后性，因而，黄金交叉或"死亡交叉"只能作为一种参考。

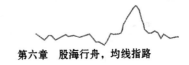

3. 多头排列

所谓多头排列，是指短期均线上穿中期均线，中期均线上穿长期均线，整个均线系统形成向上发散态势，显示多头的气势（如图 6-7）。

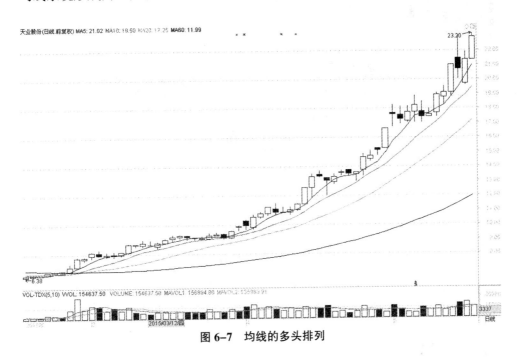

图 6-7　均线的多头排列

一般来讲，多头排列的出现，说明多方（买方）力量强大，后市将由多方主导行情，此时是中线进场的机会。

在上升行情中，股价位于均线之上，走多头排列形态的均线可视为多方的防线。当股价回档至均线附近，各条均线依次产生支撑力量，买盘入场推动股价再度上升，这就是均线的助涨作用。

4. 空头排列

所谓空头排列，是指参数较小的短期均线在参数较大的长期均线的下方，并且均线向下发散（如图 6-8）。

实际上，个股或者大盘的空头排列，说明了市场短期内买进的投资者的平均成本超低于长期持有该股的平均成本，意味着长期持有者已经获亏损。这种亏损效应将会影响没有进入的投资者（买得越晚越便宜），从而形成看空的氛围。

在下跌行情中，股价位于移动平均线的下方，呈空头排列形态的均线可以视

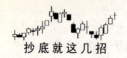
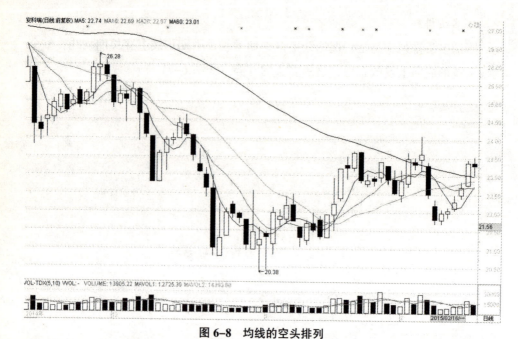

图6-8 均线的空头排列

为空方的防线，当股价反弹至均线附近时，便会遇到阻力，卖盘涌出，促使股价进一步下跌，这就是均线的助跌作用。

抄底箴言

在股市中，部分投资者认为均线是很简单的东西，不值得学习。然而，就技术分析而言，往往越简单的东西越可靠，因为这些经典的分析方法存在已久，并且在多年的实战中得到了广泛的验证，如果这种方法没用的话，那么它就不会流传至今。投资者在运用中如果用错了，那么只能说明在运用和理解的深度上存在问题，之所以导致错误是因为并没有真正理解它，更没有真正掌握它。

招法45 短期均线抄底

投资者入市，最想知道的其实就是股票的底与顶所在的位置。所以，顶部区与底部区无疑是最重要的两个区域。底部区是机会的区域，顶部区则是风险的区

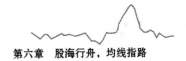

域。在具体操作中，利用均线的变化，投资者可以及时地识别并把握住这两个区域，从容地进行抄底操作。

一、短期均线概要

所谓短期均线，即通常所说的 5 日均线、10 日均线，在 K 线图上就是黄线、红线。实际上，短期是相对而言的，一般技术分析上以 5 日、10 日、20 日为周期的均线成为短期均线（MA），分别对应周、双周、月时间窗口。

1. 5 日均线

所谓 5 日均线，是指 5 个交易日之内的个股成交价格或指数的平均值，其所对应的是股价的 5 日均线（5MA）和指数的 5 日均线（5MA）。各个交易软件中默认的都有此线，上方都会显示一个 MA5，就代表 5 日均线。

一般来讲，当一只股票从下向上穿 5 日均线时，代表了在 5 日内买入的投资者总体来说是获利的，因而此时适合短线抄底（如图 6-9）。

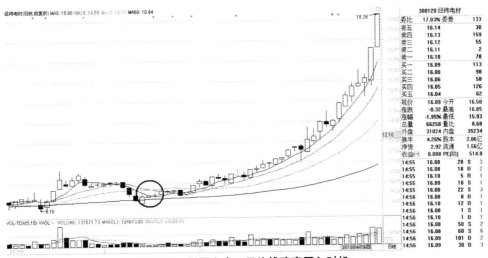

图 6-9 股票上穿 5 日均线确定买入时机

5 日均线还有识别强势股，判断庄家动作的功能。股价沿 5 日均线向上运行，不破 5 日均线是强势股，可在低点择机买入。收盘价在 5 日均线上，仰角大于 45°则是股价拉升的标志，可逢低跟进（如图 6-10）。

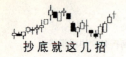
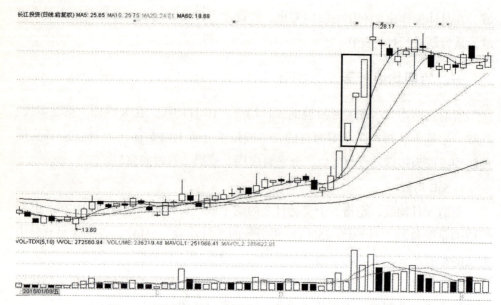

图6-10　收盘价在5日均线上，仰角大于45°宜择机跟进

2. 10日均线

所谓10日均线，是某只股票在市场上往前10天的平均收盘价格，其意义在于它反映了这只股票10天的平均成本。与其他均线一样，10日均线上穿周期更长的均线为买入时机（如图6-11）。

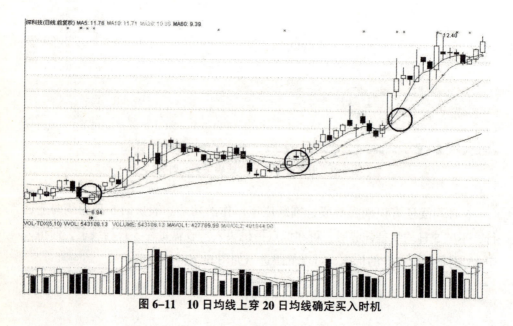

图6-11　10日均线上穿20日均线确定买入时机

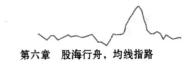

与 5 日均线原理类似,假如某日股票价格 K 线图从 10 日均线的下方移动到 10 日均线的上方,则表明市场买方力量强于近 10 天以来的买方力量,短线投资者就可以介入股票。即当 10 日平均线从上向下穿过股票价格 K 线图时,或当股价跌穿 10 日均线后,再反穿确定买入时机,短线投资者就可以大胆介入股票(如图 6-12)。

图 6-12 股价跌穿 10 日均线后再次反穿是买入信号

事实上,10 日均线是反映单边连续趋势的指标,在大盘两极的情况下,会在一段时间,通常是连续两周沿 10 日均线连续运动,一直等到股价跌破 10 日均线为止。许多个股,特别是已经控盘的庄股,或者是庄家颇有信心的题材股,在主升段的走势往往也会沿着 10 日均线涨升,其结束的经典方式是大阳线的爆出。10 日均线是职业套利者能够熟练掌握的最短均线,它是研判顶部与底部的第一个提示技术,当然更为精确的分析必须结合成交量能、庄家习惯时间段、经典 K 线与长线指标(如心理线与随机指标中的周 KDJ 线)。

从实战情形来看,10 日均线发出转折信号会稍微滞后于 5 日均线转折信号的发出,10 日均线的这一特点也就使其具备了其他均线没有的独特优点。一般而言,股价站上 5 日均线为反弹的先决条件,但并不是说成功站上 5 日均线就一

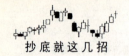

定会出现反弹行情。因为对于 5 日短期均线而言，虽然对价格转折信号的发掘优于其他均线，但对转折信号的确认程度，5 日均线则弱于 10 日均线。换言之，股价站稳 10 日均线预示着反弹的概率会比站上 10 日均线的概率大，股指成功站稳 10 日均线，是后期反弹可预期的重要判断依据。

10 日均线也可以辅助分析庄家动作，高开的长阴线陆续击穿处于上行中的 5 日均线、10 日均线往往是庄家介入的标志，可跟进（如图 6-13）。

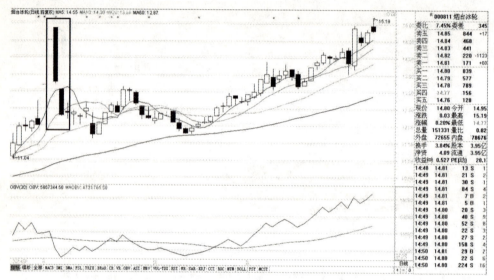

图 6-13　高开长阴线击穿上行 5 日、10 日均线可买入

3. 20 日均线

所谓 20 日均线，是某只股票在市场上往前 20 天的平均收盘价格，其意义在于它反映了这只股票 20 天的平均成本。

在短期均线中，20 日均线是短期均线系统中参数最大的一种移动平均线，与 10 日均线相比，20 日均线比 10 日均线的时间周期间隔又要多 10 个交易日，故 20 日均线运行中的变动频率比 10 日均线来说，其注重趋势性变化的程度要大得多。股价突破 20 日均线预示上涨行情得到确立（如图 6-14）。

在技术分析中，20 日均线也常被称为万能均线，它的意义在于周期不是很长也不是很短，所以能够真实反映出股价的最接近的趋势，它的低位拐弯意味着短期内趋势有好转的迹象，股价如果能够即时站稳其上就说明股价未来看涨，否

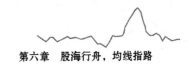

图 6-14　股价突破 20 日均线预示上涨行情得到确立

则只能代表趋势是纯技术上的空头。这一均线是经过长时间验证其在股价间的变化作用，能在任何时候任何位置给出一个明确的操作买卖信号，这也是"万能"二字的真实含义。

二、短期均线抄底的实战应用

1. 5 日均线的抄底应用

均线的一个作用是判断趋势，5 日均线时间较短，代表一个短期的趋势。在具体应用的时候，投资者应把握以下几点：

（1）5 日均线对股价反应速度灵敏，所以一些短线操作者比较喜欢利用这条均线选择股票。在利用 5 日均线进行选股时，只要发现所关注个股中 5 日均线运行的角度能呈 45°左右，就可以利用股价在回踩此均线位置时跟进。5 日均线向上呈 45 度角倾斜，表明股指或股价短期内走强，此时可以进行短线操作。而 5 日均线向下拐头，则表明短期内股指或股价将以下跌为主，此时短线以看空做空为主。

（2）当股价（K 线）离 5 日均线过远时，乖离率变大，此时就会有一个回调

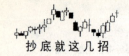

的过程，回调包括主动回补和被动回补（如图 6-15）。

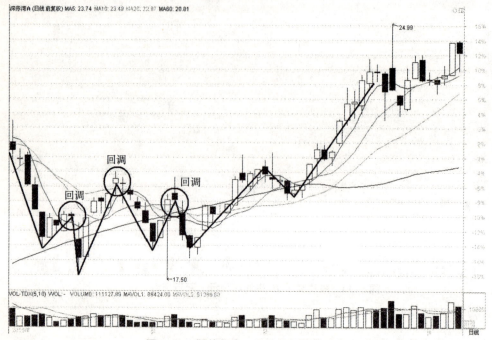

图 6-15　股价远离 5 日均线回调前买入

　　事实上，股价总是沿着 5 日线运动，不会离 5 日线太远，太远了必定会有回调，此时为卖出时机。

　　（3）根据趋势性，在上升过程中，比较稳的庄家或慢庄股都会让股价沿着 5 日均线走，一般不会跌破 5 日线和 10 日线，这样不会破坏趋势性。只要不破此线，就可短线持股。相反，若跌破此线，并在 10 日均线处得不到支撑，短线需要出局。在实际操作中，5 日均线与 10 日均线常常结合起来使用（如图 6-16）。

　　事实上，投资者在利用 5 日均线操作时，应对股指的走向予以关注。一般情况下，如果股指处在上升趋势中，即便股价跌破 5 日均线也不必担心，因为大趋势向上时短线被套也只是暂时的。只要股价能快速返回 5 日均线之上，就可以继续持股。当股指处在震荡市中时，只要所操作个股没有效跌破 5 日均线，就可以持股等待。而当股价有效跌破 5 日均线支撑时，就要出局，等待股价下一波段的来临。当股指处在下跌市时，要密切关注手中个股的走势，一旦发现股价有效跌破 5 日均线，而 5 日均线也开始向下拐头，一定要果断离场。

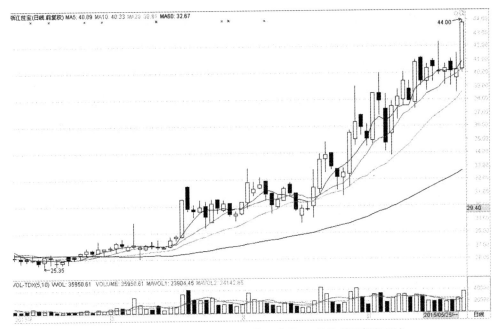

图 6-16　股价反复跌穿 5 日均线，止于 10 日均线可择机买入

2. 10 日均线的抄底应用

在实战中，对于 10 日均线的应用，投资者需要把握以下几点：

（1）10 日均线反映了近 10 天以来股票价格的基本走势，在具体操作中，股价站上 10 日均线再买入，虽然离底部或与最低价相差一定价位，但此时上升趋势已明确，涨势刚刚开始，仍是买入的良机。需要强调的一点是，股价向上突破 10 日均线应有量的配合，否则可能仅仅是下跌中途的反弹，很快又会跌回 10 日均线之下（如图 6-17）。

（2）在上升趋势中，股价经过先期的快速上扬之后，由于短期获利盘太大，获利回吐必然出现，令股价调整，但只要股价不跌破 10 日均线，且 10 日均线仍继续上行，说明是正常的短线强势调整，上升行情尚未结束，此时是逢低买入的再一次良机，特别是股价在 10 日均线获得支撑后又继续上涨时，说明调整结束，新的上升浪展开，更是追涨买入的时机。

（3）在持续时间较长的下跌趋势中，股价在下跌的中途产生反弹时站上了 10 日均线，但又很快跌破 10 日均线继续下跌，待第二次甚至第三次股价站上 10 日均线才真正上涨，这种情况经常出现。因此，在下跌趋势末期，当股价第二次或

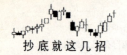

抄底就这几招

第三次站上10日均线时往往是最佳的买入时机（如图6-18）。

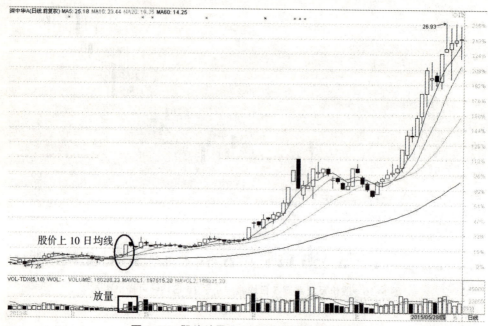

图6-17　股价放量上10日均线确定买入时机

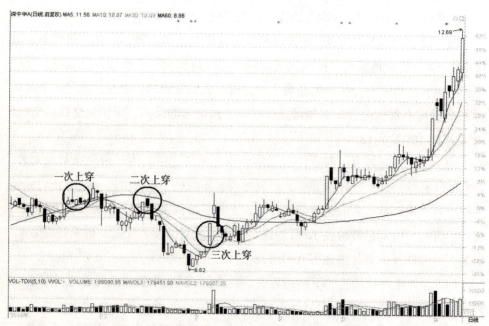

图6-18　跌势股价三次上穿10日均线确定买入时机

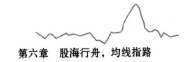

（4）在下跌趋势中，股价在 10 日均线之下运行，如股价连续出现急跌或暴跌并远离 10 日均线，致使 10 日负乖离率过大，应是买入抢反弹的时机，甚至是中期买入良机。

从实战的情形来看，在上升趋势中，10 日均线虽然是强支撑线，但有的庄家在洗盘时却有意将股价砸破 10 日均线，将短线客洗出局，然后再很快拉回 10 日均线上方，并继续大幅拉涨。为回避风险或保存利润，在股价跌破 10 日均线时卖出后，如股价在短期内又回升至 10 日均线上方且 10 日均线仍继续上行，应再次买入甚至要追涨买入，以防踏空，因为庄家洗盘的目的正是为了大幅拉升，涨升仍将继续。

3. 20 日均线的抄底应用

就 20 日均线而言，投资者在具体应用时需要把握以下几点：

（1）当 20 日均线从高位回落至一个相对低位后，在形态上表现为均线自高位下滑，从"陡"状到低位逐渐走平，所孕育的市场含义为 20 日内的投资者成本已经有从亏损向获利转变的可能，这时的股价跌势已有所减缓或者得到了抑制，当股价在真正意义上止跌并开始上涨，一举突破 20 日均线的压制并伴随有成交量的同步放大时，表示股价的趋势已经彻底得到了扭转，由跌势转为升势。此时的操作要点是 20 日均线附近就是买入点或者股价突破万能均线时果断介入。需要说明的是，投资者应对成交量的变化予以关注。如果股价的上涨并没有得到成交量的配合，则 20 日均线也将失去其实战价值（如图 6-19）。

（2）一旦投资者买进，可耐心持股待涨。但是随着股价的不断上涨，20 日均线也随之上移，当股价上涨至某一压力区时出现滞胀情形，20 日均线随之跟上后开始走平，股价的变化形态也出现在 20 日均线上横向震荡的局面，一旦这种平衡状态被打破，股价随之下穿 20 日均线，此时被认为是最佳的卖出时机。此时，成交量是否增加已经没有过多的意义可言。

（3）20 日均线由于选取的周期参数相对要大一些，故其尽管属于短期均线的范畴，但已经开始接近中期均线了，所以在实战中，使用 20 日均线研判市场走势时，应考虑中短期走势，不能只考虑短期变化，否则将会出现操作上的失误。

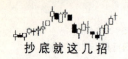

图 6-19　跌势末期 20 日均线的买入时机

抄底箴言

需要提醒投资者注意的是，短期均线设置得合理与否，关系到短线投资者能否在使用时正确判断波段行情。如均线设定的天数过短，反应过于灵敏，会造成不必要的快进、快出；如设定的天数过长，则均线反应迟钝，掉头速度慢于实际股价的走势，会导致短线投资者判断失误而损失惨重。均线在股价运行中起着支撑与压力作用，短线波段操作需要中、短、长相结合。

招法 46　中期均线抄底

一、中期均线概要

人们常把 30 日均线、40 日均线、60 日均线称为中期均线。其中，以 30 日

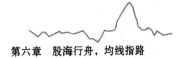

均线使用频率最高，也常被人们称为股市的生命线。在强势时，常把股价跌破30日均线或30日均线向下弯曲作为股票最后的止损位；也常把60日弯曲向上或向下作为"牛、熊分界线"，是抄底操作的临界线。

1. 30日均线

作为中期均线组合中较为重要的一种均线，30日均线是指某只股票在市场上往前30天的平均收盘价格，其意义在于它反映了这只股票30天的平均成本。

一般来讲，30日均线的运行情况应注意30个交易日之内的股价波动的趋势，因为30日均线的目的就是通过30个交易日市场情况来综合研判20日、10日内的股价变化过程。所以，用30日均线来分析，应带中线操作的思想，不能急于求成。

在股市中，经常会有高位低位的议论。实际上，后续价格走势没有出来，谁也不知道哪里是高，哪里是低。一般而言，投资者不应该探讨绝对的高位、低位，只适合讨论相对的高位、低位。股价经过下跌然后开始上升，30日均线由下降开始走平，则这样的位置可以假设为低位，如果随后大幅上涨，涨幅超过30%，则可以假设为高位。如果大盘在大牛市的行情中，顺势不断向上，则相对高位可能不断抬升；如果大盘在大熊市的行情中，顺势不断向下，则相对低位可能不断下降。

另外，投资者在利用30日均线进行分析的时候，也需要对20日均线与10日均线予以研判。从实战的情形来看，10日均线与20日均线的变化最终要导致30日均线的方向改变。

2. 40日均线

所谓40日均线，其实是两个月的平均成本线。在具体应用的时候，其实这也是庄家参考的一条重要均线，有些庄家在做盘时，因其性格比较保守，往往注重操盘的安全性，20日均线比较陡峭，而30日均线又为广大普通投资者所运用，所以为了既满足操盘均线系统的技术意义，又可逆绝大多数投资者的普遍思维而动，操盘时间上又不至于拉得过长，所以，有一些庄家重要的中期参考均线就设定在40日均线上，往往横盘整理或打压洗盘以40日均线为目标位，这样就给普通投资者以绝佳的低吸机会，投资者在确立了某只股票有庄家介入，并且没有出局，则在其40日均线附近买入往往会有出奇的好效果，可以买到庄家洗盘的最低价或整理完毕拉升前的最佳时机和价格。

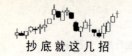
3. 60 日均线

所谓 60 日均线，是某只股票在市场上往前 60 天的平均收盘价格，其意义在于它反映了这只股票 60 天的平均成本。

在实战中，作为一条较为重要的均线，60 日均线反映的是 3 个月的平均成本线，由于 3 个月为一季，又叫季度线，也是 120 日均线 0.5 的黄金分割位。

事实上，60 日均线的作用在很大程度上与 40 日均线是相同的：是股票价格上涨走势中的重要支撑位，投资者可以在股票价格回跌至 60 日均线附近时，从盘面中观察庄家是否在洗盘，如在此线附近买盘坚决，支撑强劲，投资者则可以及时介入，买到价位安全和低廉的股票。

投资者要注意的是，无论是 40 日均线还是 60 日均线，其支撑的对象往往是一些处于拉升前夕或盘整洗盘的股票，这时应用 40 日均线和 60 日均线才是有效的，对于一些已经急拉升的股票，当股票价格从高点开始回落时，由于均线系统的时滞性因素，此时 40 日均线和 60 日均线的股价支撑作用减弱，投资者在均线处介入抢反弹，则风险相对较大，此时应选用更长周期的均线来评估风险和寻找市场机会。

二、中期均线抄底的实战应用

1. 30 日均线的抄底应用

在实际操作中，对于 30 日均线的应用，投资者需要把握以下几个方面：

（1）当股价经过一段时间的下跌或调整后，跌势趋缓，等到 30 日均线走平，开始关注。一旦股价带量上涨突破 30 日均线并回抽确认或 30 日均线开始上翘，就是技术上的买点。

（2）股价经过一段时间的下跌，如果 30 日均线没有走平乃至向上，则应尽量避免买入，因为行情往往会有反复。如果股价反弹碰到 30 日均线，乃至突破，然后下跌走平，反复的次数越多，则越有可能预示反转行情。最简单的看法就是：30 日线向上就初步认定是牛市行情，30 日线向下就初步认定是熊市行情（如图 6-20）。

（3）30 日均线具有很好的阻力支撑作用。股价在下跌趋势中，每次反弹遇到 30 日均线则容易继续下跌，在上升趋势中，每次回踩遇到 30 日均线则容易继续上涨。在趋势向上的过程中，如果上涨幅度不大，回踩 30 日均线则是很好的买入时机（如图6-21）。

图6-20 30日均线的买入时机

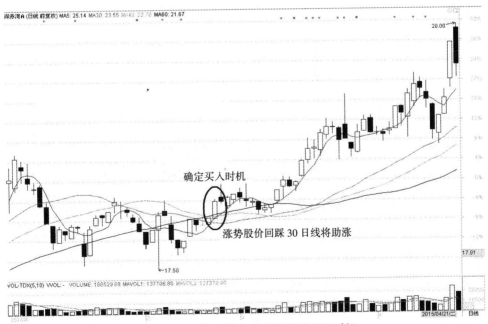

图6-21 股价回踩60日均线确定买入时机

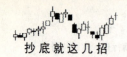
（4）股价由上升时的高点回落至 30 日均线的时间至少应在 1 周以上，有的是横向整理，股价并不出现大幅回落，等待 30 日均线上行靠近股价，有的是股价出现大幅回落主动接近 30 日均线。因此，对买入时机的把握应有耐心，并关注 30 日均线的支撑。从成交量方面来看，股价在回调至 30 日均线的过程中，成交量应明显地萎缩，而上升时成交量应放大。

（5）股价缩量跌破 30 日均线，而 30 日均线仍保持上行，在随后的交易日中，股价很快又回到 30 日线上方，说明还有上升的动力，此时，投资者可以跟进（如图 6-22）。

图 6-22　股价跌破 30 日均线后带量上穿 30 均线确定投入时机

（6）在股价回落至 30 日均线附近买入后，如股价不涨反跌，有效向下跌破 30 日均线，特别是放量破位时，投资者应及时止损出局。心有不甘的投资者需要等到股价再次回到 30 日均线之上时买进，以避免不必要的损失。

（7）如果股价经过一段时间的下跌，然后开始上涨，30 日均线开始走平，那么走平的地方就是市场成本线，股价至少应该上涨 30% 以上。这个规则不是 100% 有效，但是有效性肯定大于 60%。在牛市中，30% 的幅度当然不是特别大，

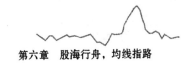

但是在震荡市中，30%的预测幅度却也颇为可观。也就是说，以后操作股票，一定要找 30 日线走平的地方，找到了，乘以 1.3，就是市场最可能达到的地方。需要说明的是，这个法则不是针对大盘股，而是针对中小盘股，尤其是有主流资金进驻的股票效果非常好（如图 6-23）。

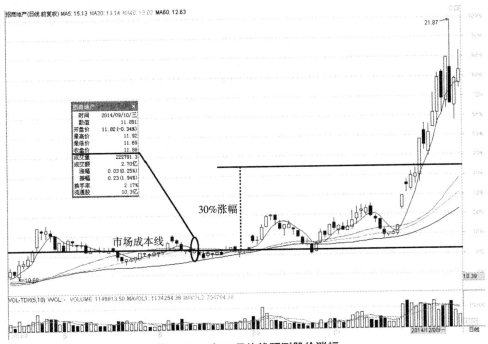

图 6-23　以 30 日均线预测股价涨幅

2. 40 日均线的抄底应用

一般情况下，10 日均线对于短期趋势的判断起到了重要的作用。在选择中期趋势指标时，40 日均线刚好和 30 日均线相差 10 个交易日。当 30 日均线发生变化的时候，40 日均线可以在判断行情发展趋势时起到指导和参考作用。

30 日均线转头向下时，如果 40 日均线依然非常坚定地向上运行，说明当前卖出的都是一些短线筹码，真正的中线筹码并没有松动。30 日均线和 40 日均线的运行方向出现背离，可以看作庄家之间对市场认识产生了分歧，分歧是市场存在不确定性导致的。出现这种情况，就决定了行情会选择震荡走势，不会发生方向性的转折。后期股价经过一段时间的震荡之后，在市场趋势更明朗的时候，股价就会选择中期运行的方向。实战经验表明：小的时间周期通常会服从大的时间

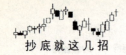

周期，小的趋势通常会服从大的趋势（如图 6-24）。

图 6-24　30 日均线和 40 日均线背离说明股价将顺势震荡

3. 60 日均线的抄底应用

对于 60 日均线的应用，投资者需要把握以下几个方面：

（1）股价在低价区时。所谓低价区，是指股价处在中长庄的收集区间，直观一点说，就是在一个最明显波段，最低点起计 50% 左右的范围内。这种情况下，60 天线附近就是庄家的成本区间，因为庄家收集期一般需要 50 天以上。庄家收集完成后，绝大多数有一个洗盘的过程，洗盘的目标低点，多数在 60 天线至成本区间之间。所以，在低价区，当股价回调到 60 天线时，可以分批买入，越跌越买；如没有时间和耐心，可以一次全仓买入。买入后，往下继续回调的幅度不会大于 10%，往上的空间，中线持仓肯定不少于 50%。这是低风险、高收益、高效率的买进时机（如图 6-25）。

（2）股价在中价区时。所谓中价区，是指股价处在庄家洗盘完成，向上拉升，升幅未达庄家成本 50% 的范围内。当股价位于中价位区域的时候，由于庄家要进行震仓等因素，股价的拉升幅度是很有限的，此时，个股就会处于调整状

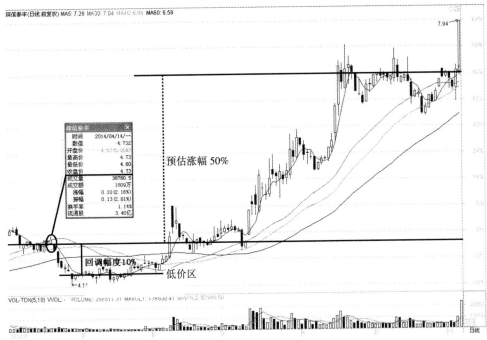

图 6-25 利用低价区 60 日均线预测股价涨幅

态，而中途调整的目标位置一般在 60 日均线附近。因此，当个股处于中价位区域的时候，投资者一旦发现股价回调至 60 日均线附近，就要重点进行观察与分析。一般情况下，若股价并未下穿 60 日均线，并且有效回升，投资者可以适时跟进。但是，如果股价下穿 60 日均线，中线投资者可以在靠近庄家成本区时加仓；短线投资者待其重新有效站稳 60 天线时跟进。这是中风险、中低收益、高效率的买进时机（如图 6-26）。

客观来讲，股价短期的变化很难掌控，但以 60 日均线为代表的中期趋势却是比较容易看清楚的，所以，一个比较简单而实用的方法就是不要去买在 60 日均线之下运行的个股。

（3）股价在高价区。所谓高价区，是指股价处在庄家本价的 50% 以上区域。在没有出货迹象时，庄家震仓洗盘位置可能在 60 天线附近。因此，对于短线投资者来讲，可以在 60 日均线附近震仓完毕有效企稳、向上放量拉升时跟进。投资者需要注意的是，此方法操作风险较高，所以，投资者只能短线参与，且快进快出。

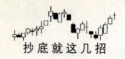
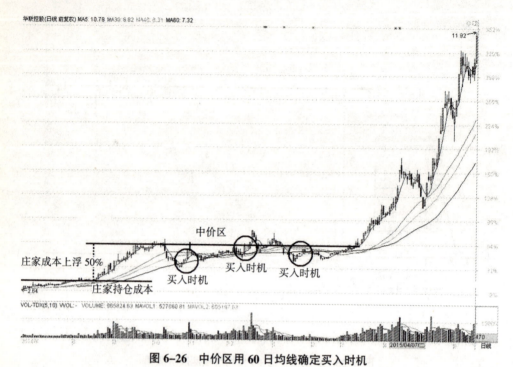

图 6-26　中价区用 60 日均线确定买入时机

　　在实际操作中，投资者不要试图抓住每一个甚至是弱势之中的机会，因为简单来看，如果投资者在股指长时间运行在 60 日均线之上时，都没有获得丰厚的利润，那么当股市长期受压在 60 日均线之下时反而重仓，试图抄底获取暴利，则更可能适得其反。所以，中线投资者最好的办法是休息，抑或者轻仓短炒，等股指重新站稳 60 日均线之上并确认升势后再重仓操作。如果投资者非要操作，一个短线操作时机是，大盘在短期下跌偏离 60 日均线过大时，选择短期跌幅最大的品种抢反弹。但抢完了无论盈亏一定要卖，否则"抢"就可能变成了"套"。

抄底箴言

　　根据相关的统计，因为 80%~90% 的个股走势与大盘的走势高度相关，所以对一般的投资者来说，只有正确判断大盘的走势并在每一轮大的行情中积极操作，才能够获得最大的利润。对于趋势的判断，均线虽然有滞后性，但中期均线对大盘大趋势的反映还是非常清晰，也比较容易把握。投资者有时候在股票软件上设了很多条均线，有时也并非是 5 日均线、10 日均线等普通均线。但如果有

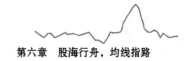

时一条简单的均线就能说明问题，此时不妨试一试把复杂的问题简单化来观察一下大盘的趋势。

招法 47   长期均线抄底

一、长期均线概要

长期均线一般有 120 日均线和 250 日均线两种，其实战应用难度较大、技术要求高，主要是因为这类均线是长期成本线，所反映的市场分析已不是局部的变化，而是市场整体趋势的变化，因而可利用长期均线进行长线底部抄底操作。

1. 120 日均线

所谓 120 日均线，又可以称为半年线，是按照股市 120 个交易日收盘点数相加的总和除以 120 而来。如果说 5 日均线代表着大盘的短期走势，那么 120 日均线则代表着大盘中长期走势，通常可以作为"牛"、"熊"界线的判断依据。

事实上，120 日均线是指数或个股在半年中交易收盘价的算术平均值，也就是说，投资者在这半年中所持有股票的平均价，往往不具备绝对意义。

一般来讲，120 日均线在上涨和下跌趋势中具有助涨和助跌的作用，也就是常说的支撑和阻力。

2. 250 日均线

所谓 250 日均线，又可以称为年线，是牛、熊走势的分界线，如果大盘指数站上年线，则可能意味着一轮大的行情已经开始。

事实上，250 日均线的作用与 120 日均线的作用非常类似。在实际操作中，中大盘股的走势往往与 250 均线的关系大，与 120 日均线的关系小，并且 250 日均线和 120 均线共同使用则作用与效果更加明显。

（1）支撑作用。即处于上升状态的 250 日均线对股价有支撑作用。

（2）压力作用。即处于下降状态的 250 日均线对股价有压力作用，突破这种压力需要成交量和时间才可确认。因此在 250 日均线走平或向上之前，都不能介入，否则会屡买屡套，损失了金钱和时间。

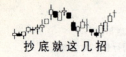

从实战的情形来看，250 日均线主要适用于那些上市超过一年的个股，特别是前期已经过长期、深幅调整的个股，对上市时间较短的新股、次新股则不适用，对一些呈波段震荡走势的个股参考价值也不大。

二、长期均线抄底的实战应用

1. 120 日均线的抄底应用

一般而言，120 日均线由于变动缓慢，趋势一旦形成或改变，不论是上涨还是下跌都要持续一段时间，所以，投资者可以从 120 日均线的变动中，把握中长线的股价运动趋势。在实际操作中，投资者在应用 120 日均线时要关注以下几点：

（1）利用 120 日均线处于上涨趋势时，对股票价格走势具有的助涨作用，来确定买点，即以 120 日均线作为支撑线，当股价回跌到 120 日附近时买入（如图 6-27）。

图 6-27　股价回跌到 120 日均线附近买入

（2）许多庄家在操盘时，也按 120 日均线为参考线；庄家在洗盘打压价格时往往也在 120 日均线止步；长期平台整理时也往往是在 120 日均线上涨后进行向

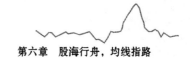

上突破等。

通常情况下，庄家成功地运作一波行情多以半年时间为其最主要的时间波段。股价在长期牛市之后，均线系统已基本走好，形成稳健的上升通道。当庄家在高位准备出货离场的时候，中短期均线都已向下掉头，对于投资者来讲，此时把握反弹时机是一件较为困难的事情。而且，许多庄家出货手法很凶悍，使得60日均线的支撑总显得不足，从而使股价再次向下破位，选择120日均线作为其强力的支撑线。经过长"牛"之后，庄家自然会把握住最后的阵营。很多个股皆是如此，此种情况在拉升途中也常出现。由于在初步拉抬之后，庄家很难轻易地达到洗盘的目的。在这种情况下，庄家就会利用投资者对120日均线的期望展开行动。股价有时会跌破120日均线下方，有时会在120日均线附近初步企稳，但成交量会有较大的萎缩迹象。而当股价止跌反弹时，多会伴有成交量的配合。此种震仓动作与下跌途中下跌抵抗的最大区别在于成交量的变化。在下跌抵抗中，若有明显的空涨无量情况，投资者应坚决离场。

从实战情形来看，120日均线在实际走势中的波动幅度不会太大，在熊市中它会压制市场的走势；在牛市中它会支撑市场的走势。另外，120日均线的变向一般应与波浪分析相结合，其有效性才可靠。

2. 250日均线的抄底应用

客观来讲，250日均线不是用来分析一年市场趋势的均线，而是用来分析几年市场趋势的均线。对于长线投资者来说，可以采用这样的操作策略：上证指数站上年线就开始买入股票，上证指数跌破年线就开始卖出，随后严守纪律轻仓或空仓，等待下一轮牛市的到来。这样做或许有些保守，但对于稳健型的投资者来说不失为一种比较有效的股市投资策略。这样做或许会很难受，中间可能需要忍受难耐的寂寞，但这些等待是值得的，因为有时候等待就是对财富的报答。

在实际操作中，对于250日均线的应用，投资者应把握以下几点：

（1）带量升破250均线的压力和250均线已掉头向上，是判断股票走牛的关键。此时，股价即使再度跌破250均线其跌幅亦往往有限，可以认为是股票价格走牛的回档走势（如图6-28）。

（2）250日均线由下跌走平，这种现象并不容易出现，一旦出现说明股价已经止跌进入底部。

（3）股价重新放量回升、站稳在250日均线之上时，表明股价已探明底部，

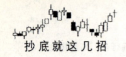

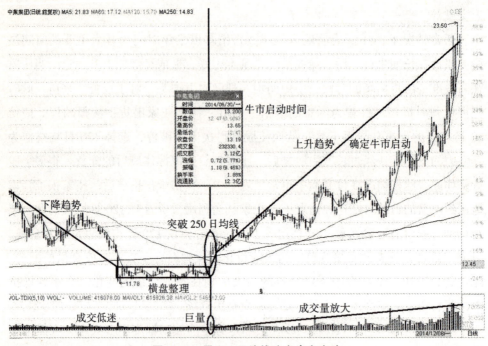

图 6-28 用 250 日均线确定牛市启动

此时可放心介入。

在具体应用中，投资者还要注意以下两点：第一，250 日均线的使用一定要与月线、周线的分析相结合，才能使其判断的有效性增强，同时注意其长期的变动方向。第二，250 日均线的使用要加入波浪理论中的"波浪的分解与组合理论"效果会更好，这应属于相当高级的投资技术分析。当然，要想取得真正的成功，必定会有一个经受千锤百炼的过程。

抄底箴言

需要强调的是，不论短期均线、中期均线还是长期均线，其本质意义都是反映市场价格的不同周期的平均成本。有的市场人士认为庄家可以任意打乱各种均线。这种认识是忽略了均线的"平均成本"的真正意义，因为任意打乱计划内的均线成本，是要付出多余代价的。

招法 48　均线系统抄底

一、短期均线系统的抄底应用

短期均线系统抄底时最常用的有 5 日均线、10 日均线、20 日均线和 5 日均线、10 日均线、30 日均线两种组合。短期均线组合主要用于观察股价短期运行的趋势，例如 1~3 个月股价走势会发生什么变化。一般来说，在典型的上升通道中，5 日均线应为多方护盘中枢，不然则上升力度有限；10 日均线则是多头的重要支撑线，10 日均线被有效击破，市场就有可能转弱。在弱势市场里，人气低迷时，弱势反弹阻力位应是 10 日均线；20 日均线、30 日均线是衡量市场短期、中期趋势强弱的重要标志，20 日均线、30 日均线向上倾斜时可短期抄底、做多。

在实际操作中，对于短期均线系统的抄底应用，投资者需要把握以下几点：

（1）如果是 5 日均线、10 日均线走平或上行、20 日均线下行，然后三者黏合，这种情况下的 K 线形态往往是经过阶段性下跌之后的中继形态或者底部形态。一般情况下，底部还是下跌中继，取决于均线如何发散：如果"下发散"，则属于下跌中继；如果"上发散"，则属于阶段性的底部（如图 6-29）。

（2）5 日移动平均线在由下降趋势转为上升趋势的过程中，常常出现在低位金叉 30 日移动平均线后，又回落到 30 日移动平均线之下，经过两次探底后，再次由低位上穿 30 日移动平均线，这种走势称为"二次金叉"。5 日移动平均线低位"二次金叉"30 日移动平均线，是强烈的买入信号。对于实战经验较为丰富的投资者来讲，一般会在第二次"金叉"出现时，大胆地进货，满仓操作（如图 6-30）。

有时候，5 日移动平均线在低位"二次金叉"30 日移动平均线后，会再次出现向下跌落的走势，多为构造三重底图线，股价回跌到前两次低点附近时，就会止跌企稳继而转势向上，形成"三次金叉"后，股价就会稳健上行。一旦投资者遇到此种走势，一定要镇静，不要盲目进行操作。当第三次"金叉"出现时，可加码买进。

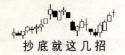

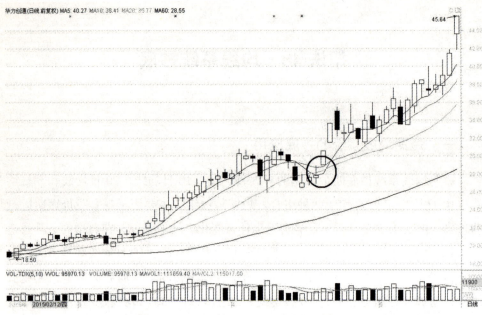

图6-29　5日均线、10日均线和20日均线三线黏合确定阶段性底部

图6-30　5日均线低位"二次金叉"30日均线确定买入时机

（3）当10日平均线由下往上穿越30日平均线，10日均线在上，30日均线在下，其交叉点就是黄金交叉，黄金交叉是多头的表现，出现黄金交叉后，后市今有一定的涨幅空间，这是进场的最佳时机。

（4）30日均线与5日均线、10日均线等配合使用效果更好，如股价突破30日均线时，5日均线、10日均线也上穿30日均线形成黄金交叉甚至形成多头排列，可以互相印证（如图6-31）。

图6-31　5日均线、10日均线上穿30日均线成多头排列确定买入时机

（5）在上升行情中，由于股价的快速上涨，致使短线客获利丰厚，抛压自然出现，庄家也会借势洗盘，股价回落并相继跌破5日均线和10日均线，但却在30日均线附近获得支撑且成交量明显萎缩，30日均线仍上行，说明是中期的强势调整，庄家并未出局，上升行情远未结束，是较佳的买入时机。特别是股价在30日均线附近获得支撑并掉头上行时更是明确的买入信号，这常常是新上升浪的开始。

（6）在横向趋势中，5日均线、10日均线、30日均线由黏合状发散上行是最佳买入时机，一般来说，下跌趋势中急跌后形成的横向趋势往往向下突破，而长期下跌之后形成的横向趋势应是底部。相反，上升趋势中急升之后形成的横向趋

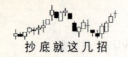
势往往向上突破且多是长庄股，如涨幅或上涨时间持续太久后的横向趋势形成顶部的可能性大，有时即使向上突破也是多头陷阱。因此，在上升趋势中途和长期下跌后的低价区形成的横向趋势一旦向上突破，并且 5 日均线、10 日均线、30 日均线由黏合状发散上行时是明确的中短线买入时机。

二、中期均线系统的抄底应用

就中期均线系统而言，其最常用的有 10 日均线、30 日均线、60 日均线和 20 日均线、40 日均线、60 日均线两种组合，主要用于观察大盘或个股中期的运行趋势，例如，3~6 个月大盘或个股走势会发生什么变化。一般来说，中期均线呈多头排列状态，说明大盘或个股中期趋势向好，这时投资者中期应看多、做多；反之，中期均线呈空头排列状态，说明大盘或个股中期趋势看淡，这时投资者中期应看空、做空。从实战角度来讲，用中期均线分析和研究大盘或个股的趋势进行抄底操作比用短期均线组合更准确可靠。

概括来讲，对于中期均线系统的应用，投资者应把握以下几个方面：

（1）当 30 日均线上穿 60 日均线时，会出现一次中级行情，当中期均线组合黏合向上发散常预示着大行情的来临；反之，当 30 日均线下穿 60 日均线时，会出现一次较大的下跌行情，当中期均线组合黏合向下发散常预示着大跌行情的来临（如图 6-32）。

（2）当股价处在 60 日均线之上时，每次 5 日均线和 10 日均线的有效"金叉"都是短线买进时机。反之，当股价处在 60 日均线之下时，每次 5 日均线和 10 日均线有效"死叉"都是短线卖出时机。

（3）60 日均线支撑股价时，若 10 日均线有"死叉"20 日均线、30 日均线的可能，均线距离较远，同时绿色能量柱峰值放大，前期短期涨幅过大，则只可作为超短线买点，必须设置好止损位进场抢反弹。60 日均线支撑股价时，若 10 日均线、20 日均线、30 日均线、60 日均线都保持上行的攻击态势，同时绿色能量柱峰值明显小于上一波的峰值，前期均线较大的距离差经过前期横向整理，慢慢再次靠拢，则这个位置就是短线黑马买点，甚至是中长线牛股的起涨买点（如图 6-33）。

（4）股价沿上升通道运行，5 日均线、20 日均线、40 日均线同步缓慢上升一段时间后，开始走平，直至三条均线靠得很近或几乎交叉于一点。而 60 日均线

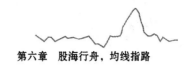

图 6-32　30 日均线上穿 60 日均线预示中级行情来临

图 6-33　10 日均线、20 日均线、30 日均线、60 日均线确定中长线牛股买入点

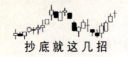

走平或拐头向上，形成多头走势。此走势通常表明一匹"大黑马"即将开始启动。在这种情况下，投资者需要及时跟进（如图6-34）。

图6-34　5日均线、20日均线、40日均线、60日均线发现黑马股

在具体的操作过程中，投资者要把握好以下几个操作要点：

（1）20均线保持多头向上趋势，在不受特殊原因的影响下（大盘大跌），5日均线每次向下碰及或向上穿越20均线时，必将会以此为支撑，引发新一轮的上涨行情，即"海豚张嘴"。

（2）成交量必须是呈逐步萎缩状，以及MACD指标中DIFF与DEA已黏合多日或呈向上发散。

（3）MACD及KDJ指标不可在高位。

另外，投资者需要去寻找那些非常平缓的三均线所形成的图形介入。均线平滑，说明庄家控盘度越高，日后拉升的力度也就越大。

在应用时，投资者还需对成交量的变化予以观察。一般情况下，在第一次20日均线与40日均线黏合时如果"缩量"并成一根线，同时60日均价线走平在其上，说明庄家还未完全收集完筹码，因此后面还有低点介入机会；第一次

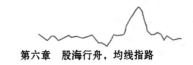

20日均线与40日均线黏合时如果"放量"并成一根线，同时60日均价线拐头向上，此时，投资者应及时跟进。

三、长期均线系统的抄底应用

就使用长期均线抄底而言，最常见的有30日均线、60日均线、120日均线和60日均线、120日均线、250日均线两种组合。长期均线组合主要用于观察大盘或个股的中长期趋势，例如，半年以上股价的走势会发生什么变化。一般来说，当长期均线组合中的均线形成"金叉"，成为多头排列时，说明市场对大盘或个股中长期趋势看好，此时投资者应保持长多短空的思维，遇到盘中震荡或回调，就要敢于逢低吸纳，进行抄底操作。

在实战中，对于长期均线系统的抄底应用，投资者应关注以下几点：

（1）股价向上突破30日均线、60日均线、120日均线是中长期最佳买入时机。股价在长期下跌后，在成交量放大的配合下，一举向上突破30日均线、60日均线、120日三条平均线，就意味着长期下跌趋势的结束和中长期上升趋势的开始（如图6-35）。

图6-35　股价向上突破30日均线、60日均线、120日均线是中长期最佳买入时机

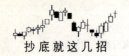

（2）60日均线与120日均线，呈反复交叉穿越的黏合状态。这也是底部的明显特征，250日均线的变化是缓慢的，而60日均线和120日均线相对来说在底部区域距离股价会比较近，判断未来方向更容易。

（3）三线开花

1）并线三线开花。在三线开花的初始点，120日均线与250日均线处于极度接近的平行状态，此时20日均线从下向上穿越这两条均线，形成均线的"金叉穿越"。穿越后，若股价出现大幅放量的上涨行情，预示并线三线开花走势成立，均线系统将要"开大花"，其隐含的技术意义是股价将要大幅上涨。

2）顺向三线开花。在三线开花的初始点，120日均线从下向上穿越250日均线，形成黄金交叉，此时20日均线从下向上穿越这两条均线交叉点的技术走势形态（交叉点即买入信号）。

3）逆向三线开花。在三线开花的初始点，120日均线下穿250日均线，此时20日均线由下向上穿越这个交叉点的技术走势形态。逆向三线开花的出现，说明股价即将向上发展。但在20日均线穿越120日均线和250日线交叉点时，应有成交量有效放大的支持。

抄底箴言

不同周期的均线，代表着不同周期的持股成本，是市场参与者买卖股票的主要依据之一，也是庄家协调成本、引发市场共鸣、减少拉升阻力的最好工具。主升浪作为庄家的中期操盘标的，则中长期均线是其最为看重的启动点和重要支撑线。因此，在上升趋势中，当有力的大阳线穿越三根及其以上的均线时，往往是一段主升浪启动的信号。而且，以一阳穿三线为主升浪的启动信号，具有上涨速度快，涨幅大的特点。在实际操作中，如果投资者准确判断均线系统的变化，可以及时地把握跌势的结束及底部的出现，从而做好买股布局的准备。

第七章 技法纷呈，各尽所能
——揭秘技术指标抄底

招法 49 KDJ 指标抄底

一、KDJ 指标概要

所谓 KDJ 指标，全称为随机指标，是一种相当新颖、实用的技术分析指标，最早应用在期货投资方面，功能颇为显著，后来广泛应用于股市的中短期趋势分析中，是最常用的技术分析指标之一。KDJ 指标融合了均线的思想，主要是利用价格波动的真实波幅来反映价格走势的强弱和超买超卖现象，在价格尚未上升或下降之前发出买卖信号的一种技术工具。对买卖信号的判断更加准确，适于先于股价变动发现投资机会，进行抄底操作。

KDJ 指标以最高价、最低价及收盘价为基本数据进行计算，得出的 K 值、D 值和 J 值分别在指标的坐标上形成的一个点，连接无数个这样的点位，就形成一个完整的、能反映价格波动趋势的 KDJ 指标。

KDJ 指标主要是通过 K、D 和 J 这三条曲线的形态，来预测股价的走势。移动速度最快的是 J 线，其次是 K 线，最慢的是 D 线，它们的变化范围都在 0~100 之间。其实 J 的取值可以大于 100，也可以小于 0，但为了便于图形的绘制，当 J 大于 100 时，仍按 100 绘制；当 J 值小于 0 时，仍按 0 绘制，所以在 KDJ 指标图形中可以看到 J 值在 0 或 100 处呈"直线"状（如图 7-1）。

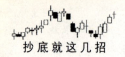

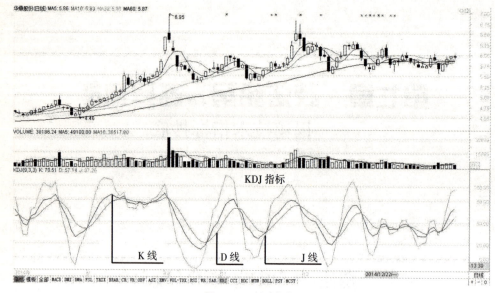

图 7-1　KDJ 指标

二、KDJ 指标的要点分析

一般而言，对于 KDJ 指标的要点分析，投资者要把握好以下几个方面：

1. KDJ 指标超买、超卖及底部的确认

K 线是快速确认线，数值在 90 以上为超买，数值在 10 以下为超卖；D 线是慢速主干线，数值在 80 以上为超买，数值在 20 以下为超卖；J 线为方向敏感线，当 J 值大于 100，特别是连续 5 天以上，股价至少会形成短期头部，反之 J 值小于 0 时，特别是连续数天以上，股价至少会形成短期底部。

2. KDJ 指标的交叉

K 线、D 线、J 线的交叉分为"黄金交叉"和"死亡交叉"两种形式。一般而言，在一个股票完整的升势和跌势过程中，KDJ 指标中的 K 线、D 线、J 线会出现两次或以上的"黄金交叉"和"死亡交叉"情况。

（1）黄金交叉。当股价经过一段很长时间的低位盘整行情，并且 K 线、D 线、J 三线都处于 50 线以下时，一旦 J 线和 K 线几乎同时向上突破 D 线时，表明股市即将转强，股价跌势已经结束，将止跌朝上，可以开始买进股票，进行中长线建仓。这是 KDJ 指标"黄金交叉"的一种形式。

当股价经过一段时间上升过程中的盘整行情，并且 K 线、D 线、J 线都处于

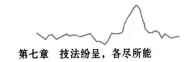

50 线附近徘徊时，一旦 J 线和 K 线几乎同时再次向上突破 D 线，成交量再度放出时，表明股市处于一种强势之中，股价将再次上涨，可以加码买进股票或持股待涨，这就是 KDJ 指标"黄金交叉"的另一种形式（如图 7-2）。

图 7-2　KDJ 的"黄金交叉"

（2）死亡交叉。当股价经过前期一段很长时间的上升行情后，股价涨幅已经很大的情况下，一旦 J 线和 K 线在高位（80 以上）几乎同时向下突破 D 线时，表明股市即将由强势转为弱势，股价将大跌，这时应卖出大部分股票而不能买股票，这就是 KDJ 指标的"死亡交叉"的一种形式。

当股价经过一段时间的下跌后，而股价向上反弹的动力缺乏，各种均线对股价形成较强的压力时，K 线、D 线、J 线在经过短暂的反弹到 80 线附近，但未能重返 80 线以上时，一旦 J 线和 K 线再次向下突破 D 线时，表明股市将再次进入极度弱市中，股价还将下跌，可以卖出股票或观望，这是 KDJ 指标"死亡交叉"的另一种形式（如图 7-3）。

3. KDJ 指标的背离

当 KDJ 处在高位，并形成两个依次向下的峰，而此时股价还在持续上涨，为顶背离，是卖出的信号。当 KDJ 处在低位，并形成一底比一底高，而股价还

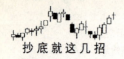

图7-3 KDJ指标的"死亡交叉"

继续下跌，这构成底背离。底背离的出现，表明股价在短时间内即将出现反弹，为买进信号。需要说明的一点是，KDJ顶（底）背离判定的方法，只能和前一波高低点时KD值相比，不能跳过去相比较（如图7-4）。

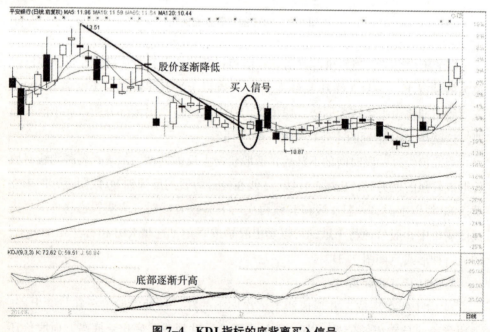

图7-4 KDJ指标的底背离买入信号

4. KDJ 指标的形态

（1）当 J 线开始在底部（50 以下）向上突破 K 线时，说明股价的弱势整理格局可能被打破，股价短期将向上运动，此时，投资者可以长线建仓，但是要控制仓位，最好以轻仓为主（如图 7-5）。

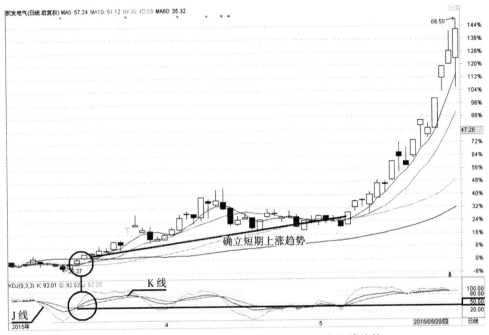

图 7-5　50 以下 J 线上穿 K 线确定股价短期上涨趋势

（2）当 J 线向上突破 K 线并迅速向上运动，同时 J 线也向上突破 D 曲线，说明股价的中长期上涨行情已经开始，此时，投资者可以加大买进力度，以捕捉这一波强劲有力的上升行情（如图 7-6）。

（3）当 K 线、D 线、J 线开始摆脱前期窄幅盘整的区间并同时向上快速运动时，说明股价已经进入短线强势拉升行情，此时，投资者不要急于卖出，只要坚定持股的信心，后市的收获往往较大（如图 7-7）。

（4）当 K 线、D 线、J 线在 50 下方的低位时，如果 K 线、D 线、J 线的走势出现 W 底或三重底等底部反转形态，可能预示着股价由弱势转为强势，股价即将反弹向上，可以逢低少量吸纳股票。如果股价曲线也出现同样形态更可确认，其涨幅可以用 W 底或三重底形态理论来研判（如图 7-8）。

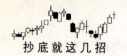

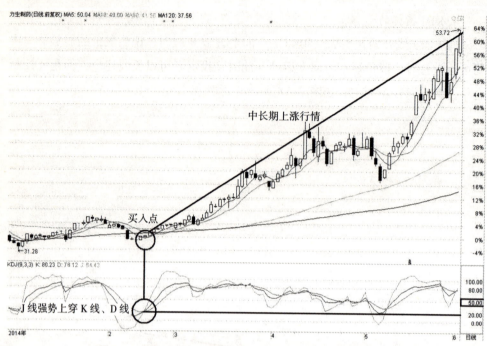

图7-6 J线50以下强势上穿K线、D线确认中长期底部

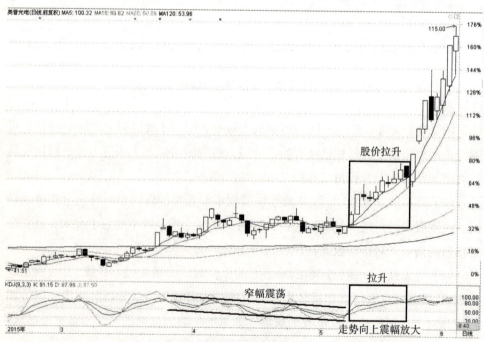

图7-7 K线、D线、J线摆脱窄幅震荡强势向上拉升则股价拉升

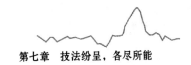

图 7-8　用 KDJ 指标 W 底确认底部买入信号

三、利用 KDJ 指标抄底

1. 周线与日线结合抄底法

一般来讲，此操作手法的特征可以归纳为以下三点：第一，个股的周 KDJ 和日 KDJ 在发出"金叉"信号之前，其股价应该已经出现较长时间、较大幅度的调整，股价在"金叉"时已经处于相对的低位。第二，在个股的周 KDJ 和日 KDJ 发生"金叉"时，KDJ 值应处于较低的位置，周 KDJ 最好是在 20 以下，而日 KDJ 可以在 50 以上。第三，在个股的周 KDJ 和日 KDJ 发生"金叉"时，还应该观察该股的均线是否安全。为了保证投资的安全，投资者也应结合 BOLL 指标、MACD 指标进行综合分析。

对于投资者来讲，在具体操作的时候，需要把握以下要领：

（1）周 K 线、D 线两线上行将要"金叉"而仍未"金叉"；日线 KDJ 发生"金叉"，"金叉"日放量，可打提前量买入（如图 7-9）。

（2）周线 KDJ "金叉"，日线 KDJ 也同时"金叉"，两"金叉"共振，此时是最佳的买点。

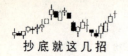

图7-9　日线先"金叉"周线后"金叉"可提前买入

（3）周线 KDJ "金叉"后，股价回档收周阴线，然后重新放量上行；周线 K、D 两线将要"死叉"，但没有真正发生"死叉"，K 线重新张口上行；日线 KDJ "金叉"，此时适合买入。从实战情况来看，投资者在利用此法买进之后，往往能赶上一波强有力的上升行情。

2.9 日 KDJ 指标"金叉"抄底法

9 日 KDJ 指标形成黄金交叉可确定短线底部，是短线买入时机。9 日 KDJ 指标通常用于判断短期超买超卖和市场趋势，较适用于短线投资者操作，特别是在中期下跌趋势中运用 9 日 KDJ 指标可以有效把握短线反弹的机会。

3.30 以下 K 线、D 线"金叉"抄底法

在中期下跌趋势中，K 线从高位（一般在 70 以上）下穿 D 线形成"死亡交叉"并呈空头排列而下行，说明头部已暂时形成，调整将难以避免（至少是短期的）。只要下跌动力未释放完毕即使下跌中途出现 1~2 根小阳线，K 线也很难上穿 D 线且仍呈下行状，直至 K 线、D 线均进入 30 以下的超卖区域，这时股价的下跌动力减弱，如果此时 K 线上穿 D 线形成"金叉"，就意味着短线反弹的开

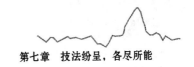
始，此时就是较好的短线买入时机（如图 7-10）。在 30 以下的超卖区域，如果 K 线、D 线发生两次交叉是更好的买入时机。

图 7-10　30 以下 KDJ 指标确定买入时机

4. KDJ 底背离抄底法

所谓 KDJ 底背离，是指当股价创出新低时，而 KDJ 值没有创新低，此时短线买入，有反弹的机会。在利用此法进行抄底的时候，投资者需要把握以下几点：第一，股价在创出新低时的成交量要小于前一波低点的成交量。第二，KD 值最好在 20 附近可靠性高。第三，如果 K 线上有止跌信号或重要的均线支撑时，反弹的成功率更高。

抄底箴言

KDJ 指标是研判行情时经常使用的一种技术指标，它的优点是对价格的未来走向变动比较敏感，KDJ 指标反应敏感又是它不足的地方。解决单一指标所产生的缺陷办法有很多，结合 K 线来判断能最大化地提高判断的正确率，因为其他绝大部分指标都是依据 K 线的四个价格（收盘、开盘、最高和最低价）来计算的。

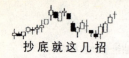
招法 50　MACD 指标抄底

一、MACD 指标概要

所谓 MACD 指标，全称为指数平滑移动平均线，是运用快速（短期）和慢速（长期）均线及其聚合与分离的征兆，加以双重平滑运算。根据均线原理发展出来的 MACD，一则去除了均线频繁发出假信号的缺陷；二则保留了均线的效果。因此，MACD 指标具有均线趋势性、稳重性、安定性等特点，适于用作抄底工具，发现抄底机会。

一般来讲，MACD 指标主要是通过 EMA、DIF 和 DEA（或称 MACD、DEM）这三个值之间关系的研判，DIF 和 DEA 连接起来的移动平均线的研判以及 DIF 减去 DEM 值而绘制成的柱状图（BAR）的研判等来分析判断行情，预测股价中短期趋势的主要股市技术分析指标。其中，DIF 是核心，DEA 是辅助。DIF 是快速平滑移动平均线（EMA1）和慢速平滑移动平均线（EMA2）的差。在目前的炒股分析软件中，BAR 柱状图是用红柱和绿柱的收缩来研判行情（如图 7-11）。

二、MACD 指标的要点分析

就 MACD 指标来讲，其分析主要可以归纳为以下几点：

1. DIF 和 DEA 的取值以及这两者之间的相对取值

一般情况下，如果 DIF 和 DEA 均为正值时，属多头市场。DIF 向上突破 DEA 是买入信号；DIF 向下跌破 DEA 只能认为是回档，做获利了结。如果 DIF 和 DEA 均为负值时，属空头市场。DIF 向下突破 DEA 是卖出信号；DIF 向上穿破 DEA 只能认为是反弹，做暂时补空。

实际上，DIF 是正值，说明短期的比长期的平滑移动平均线高，这类似于 5 日线在 10 日线之上，所以是多头市场。DIF 与 DEA 的关系就如同股价与 MA 的关系一样，DIF 上穿或下穿 DEA，都是一个 DIF 将要上升还是下降的信号；DIF 的上升和下降，又是股价进一步上升和下降的信号。上述的操作原则是从这方面

图 7-11 MACD 指标

考虑的。

2. MACD 指标与零轴

MACD 的零轴在其原意中有强弱分界线的含义，当指标穿越零轴时，会有一定的人气变化，令人十分关注。对于市场中的庄家来讲，在利用 MACD 指标实现自己目的的时候，往往会在零轴附近做文章。事实上，零轴不是强弱区的分界线，因为 MACD 不是在 0~100 波动，在整个指标的大形态和强弱转化中，零上区域与零下区域只是指标图形运动的一个空间。在 MACD 原概念中多头要在零轴之上介入，但实战中过了零轴可能已没多少空间了。但是，不管怎么说，存在即合理，零轴终究是有一定意义的点位。

（1）指标在零轴上或突破零轴时同时突破了形态压力线，K 线同时突破了 K 线图形的压力，有一波行情（如图 7-12）。

（2）指标回抽到指标形态的支持线，然后再向上穿零轴，有一波行情（如图 7-13）。

（3）指标上穿零轴时正是三波中的第二波也有一波行情。

（4）指标上穿零轴时距指标轨道压力线有一段距离，并且 K 线距阻力位也有

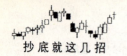

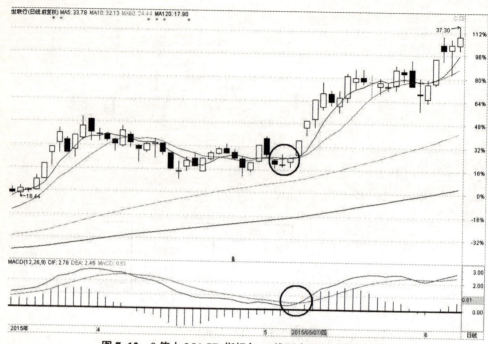

图 7-12　0 值上 MACD 指标与 K 线形态同时突破阻力位

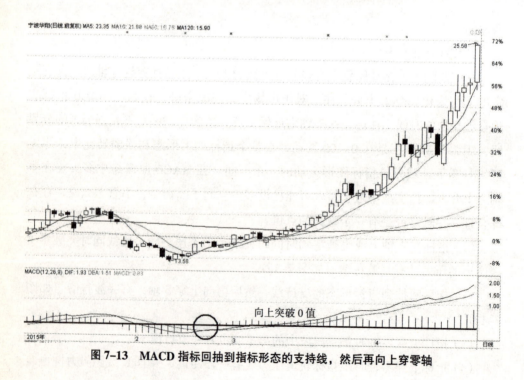

图 7-13　MACD 指标回抽到指标形态的支持线，然后再向上穿零轴

一定距离，则指标可上升至阻力位处。

（5）零轴以下人气较弱以弱势筑底为主，零轴以上人气较强以强势做顶为主。

3. DIF 和 DEA 的交叉情况

当 DIF 与 DEA 都在零线以上，而 DIF 向上突破 DEA 时，表明股市处于一种强势之中，股价将再次上涨，此时，投资者可以加大买进力度，这就是 MACD 指标"黄金交叉"的一种形式。当 DIF 和 DEA 都在零线以下，而 DIF 向上突破 DEA 时，表明股市即将转强，股价在短时间将止跌转涨，对于投资者来讲，此时是买进的好时机，而这是 MACD 指标"黄金交叉"的另一种形式（如图 7-14）。

图 7-14 MACD 指标的"金叉"

当 DIF 与 DEA 都在零线以上，而 DIF 却向下突破 DEA 时，表明股市即将由强势转为弱势，股价将会出现急速下跌行情，此时，投资者应尽快将手中的股票抛出，这是 MACD 指标"死亡交叉"的一种形式。当 DIF 和 DEA 都在零线以下，而 DIF 向下突破 DEA 时，表明股市将再次进入极度弱市中，股价继续下跌的可能性很大，此时，投资者一定要清仓离场，这是 MACD 指标"死亡交叉"的另一种形式（如图 7-15）。

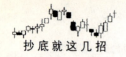

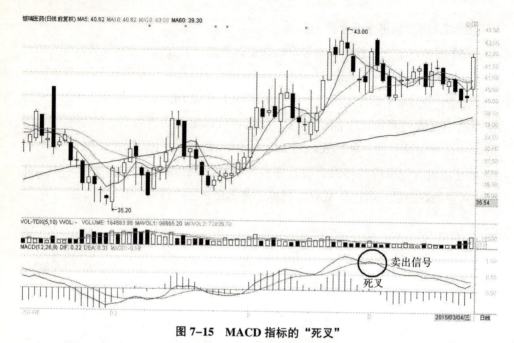

图 7-15 MACD 指标的"死叉"

4. MACD 指标背离

所谓 MACD 底背离，就是 MACD 由跌转升，形成了一个向上倾斜的小趋势，而与此同时，股价却不断在下跌，由此构成 MACD 与股价底背离。一般情况下，背离的强弱与时间有关，如果 MACD 底背离的持续时间越久，则股价见底的概率越高。当 MACD 在低位时出现三次"金叉"或呈欲三次"金叉"状时，是介入的最佳机会。不过，有时只有两次低位"金叉"，股价就回升了。从实战情形来看，投资者根据 MACD 底背离操作，获胜机会远远大于亏损机会。但并不是所有股票都会出现 MACD 底背离。另外，需要提醒投资者的是，日线以下级别的 MACD 底背离可靠性要大打折扣，所以，投资者在具体操作的过程中，还是根据日线级别的 MACD 底背离为好（如图 7-16）。

所谓 MACD 指标顶背离，是指当股价 K 线图上的股票走势一峰比一峰高，股价一直在向上涨，而 MACD 指标图形上的由红柱构成的图形的走势是一峰比一峰低，即当股价的高点比前一次的高点高，而 MACD 指标的高点比前一次高点低。顶背离的出现，说明股价在高位即将发生反转，在短时间内有可能走出下跌行情，为卖出信号。

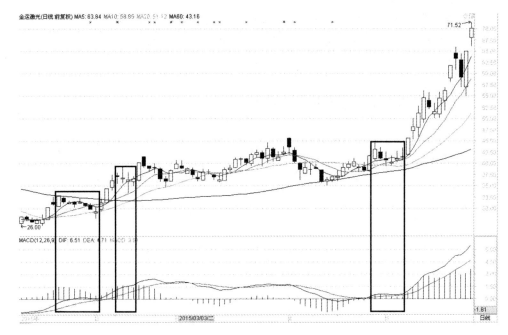

图 7-16　MACD 指标的底背离

5. MACD 指标中的柱状图分析

对于 MACD 指标的柱状图分析，投资者应关注以下几点：

（1）当红色 MACD 柱状线开始萎缩，表明多头趋势逐步减弱。而当红色线消失时，绿色 MACD 柱状线形成，则表明空头趋势已经开始产生，股价走势将由强转弱，行情向空头方向发展。此时，投资者需要及时卖出股票。

（2）当绿色 MACD 柱状线开始萎缩，表明空头趋势逐步减弱。当绿色线消失时，红色 MACD 柱状线形成时，则表明多头趋势已经开始产生，股价走势将由弱转强，行情向多头方向发展。

（3）当红色柱状线持续放大时，表明股市处于牛市行情中，股价将继续上涨，这时应持股待涨或短线买入股票，直到红色柱状线无法再放大时，投资者就可以考虑将手中的股票抛出。

（4）当绿色柱状线持续放大时，表明股市处于熊市行情之中，股价将继续下跌，这时应持币观望或卖出股票，直到绿色柱状线开始缩小时才可以考虑少量买入股票。

（5）当红色柱状线开始缩小时，表明股市牛市即将结束（或要进入调整期），

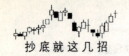
股价出现下跌的可能性较大，此时，投资者应清仓离场，不能盲目入场操作。

（6）当绿色柱状线开始收缩时，表明股市的大跌行情即将结束，股价将止跌向上（或进入盘整），此时，投资者可以持股观望，不必急于卖出。

三、MACD 指标的买入形态分析

对于投资者来讲，在具体应用过程中，应对以下较为常见的形态予以关注：

1. "金叉"后上行下调再反弹

DIF 与 DEA "金叉"后，随股价的上行而上行，尔后，随股价的回调而下行，当主力洗盘时，股价回调，而 DIF 线回调到 MACD 线附近时，DIF 线反转向上，便形成了"金叉"后上行下调再反弹的形态（如图 7-17）。

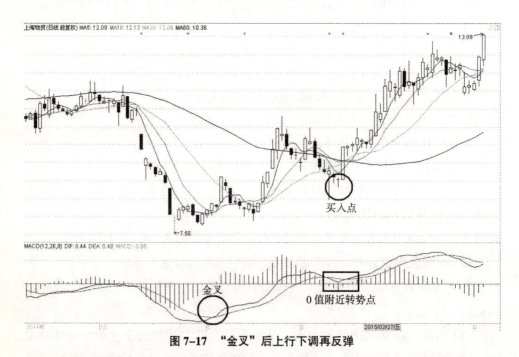

图 7-17 "金叉"后上行下调再反弹

2. 零轴下"金叉"后又"死叉"再次"金叉"

DIF 在零轴以下金叉 DEA 线以后，并没有上穿零轴或上穿一点儿就回到零轴之下，然后向下死叉 DEA，几天以后再次金叉 DEA 线，该形态为股价在下跌探底之后，抛盘穷尽之时呈现的底部形态，应理解为见底反弹信号，可择机入市（如图 7-18）。

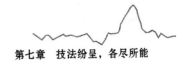

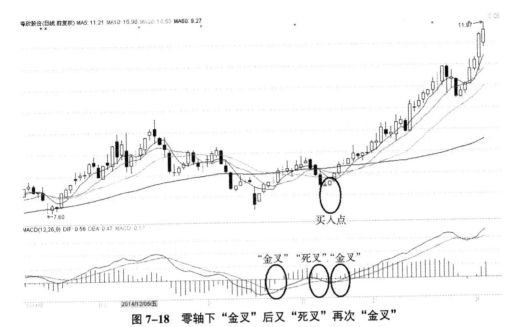

图 7-18　零轴下"金叉"后又"死叉"再次"金叉"

3. "死叉"穿零轴反弹变"金叉"

"死叉"穿零轴反弹变"金叉"是指 DIF 线在零轴以上"死叉"DEA 线，下穿零轴，然后在零轴或零轴以上"金叉"DEA 线，该形态形成是股价在探底回升途中做盘整，也有的是筑底形态，呈上攻之势，应理解为积极介入信号，应果断入市（如图 7-19）。

图 7-19　"死叉"穿零轴反弹变"金叉"

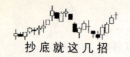
4."金叉"零轴下无"死叉"回调反转

"金叉"零轴下无"死叉"回调反转是指DIFF在零轴以下"金叉"DEA线，随后没有上穿零轴就回调，向DEA靠拢，MACD红柱缩短，但没有"死叉"DEA就再次反转向上，同时配合MACD红柱加长，便形成"金叉"零轴下无死叉回调反转形态。该形态的形成多为底部形态，是股价在下跌探底之后，抛盘穷尽之时呈现的底部形态，应理解为主力建仓区域，可择机介入（如图7-20）。

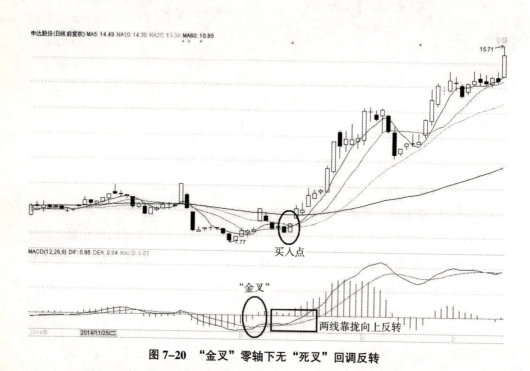

图7-20 "金叉"零轴下无"死叉"回调反转

5."金叉"越轴线回调，两线黏合后分离

"金叉"越轴线回调，两线黏合后分离是指MACD指标中的DIFF之前在零轴之下"金叉"DEA线，其后在零轴之上运行一段时间，然后随股价回调，DIFF也开始向下回调，当DIFF调到DEA线的时候，两条线黏合成一条线，当它们再次分离多头散发的时候，形成买入时机，新的涨势开始。该形态的出现多为上档盘整和主力洗盘所为，股价在上升途中做短暂的盘整后，呈现强势上攻形态，应理解为积极介入信号，果断买入（如图7-21）。

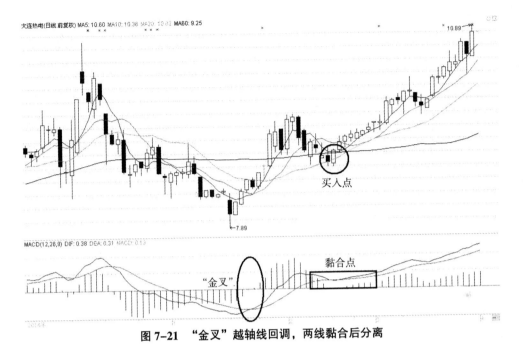

图 7-21 "金叉"越轴线回调，两线黏合后分离

6. 零轴上"死叉"后"金叉"

零轴上"死叉"后"金叉"主要指 DIFF 线在零轴上"死叉"DEA 线，但不下穿零轴，过几天即再次在零轴以上"金叉"DEA。该形态的出现多为上档盘整，主力洗盘所为，股价做短暂的调整后，呈现强劲上升动力，可理解为积极介入信号，可果断买入，如能连续放量更可坚决看多（如图 7-22）。

7. 零轴下直线运行后"金叉"

零轴下直线运行后"金叉"是指 MACD 指标在零轴以下运行很长时间（一个月以上），DIFF 线"金叉"DEA 线以后（零轴以下"金叉"），两条线不是强劲上升，而是与 DEA 线黏合成一条直线，数值几乎相等。一旦两条线开始多头发散，即可买入。零轴下直线运行后"金叉"形态的形成，多为股价在下跌探底以后，抛盘穷尽时呈现的底部形态，这时主力介入，进入压箱底吸货阶段，应理解为择机入市（如图 7-23）。

8. 零轴下二次"金叉"

零轴下二次"金叉"指 DIFF 在零轴以下产生的二次"金叉"，表明该股筑底完成，开始走出底部，可以择机介入（如图 7-24）。

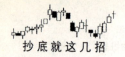

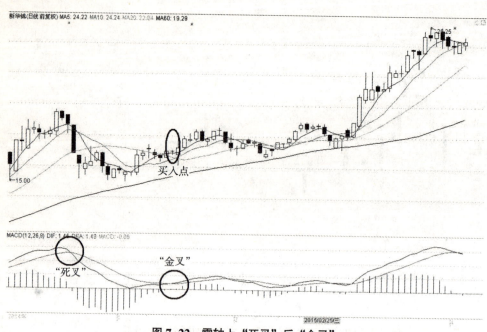

图7-22　零轴上"死叉"后"金叉"

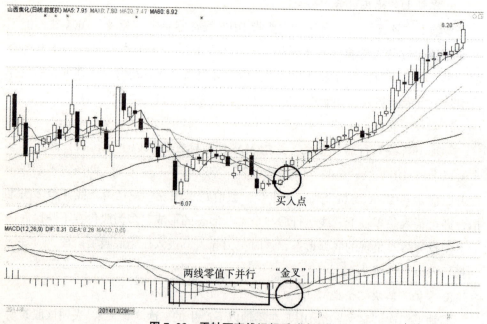

图7-23　零轴下直线运行后"金叉"

图 7-24 零轴下二次"金叉"

四、利用 MACD 指标抄底

在实战中，投资者在利用 MACD 指标进行抄底时，需要把握以下几个方面：

1. 小绿柱买入法

这是运用 MACD 捕捉最佳买点的一种简易方法。所谓"小"，其实是指 MACD 中的小绿柱和小红柱。而在操作时图中的 DIF 和 DEA 两条白色和黄色的曲线，一般是视而不见的，我们只注重红柱和绿柱的变化（如图 7-25）。

当经历一波下跌后，股票处于最低价时，此时 MACD 上显现的是一波"大绿柱"。投资者首先不应考虑进场，而应等其第一波反弹过后（出现红柱），第二次再探底时，在 MACD 中出现了"小绿柱"（绿柱明显比前面的大绿柱要小），且当小绿柱走平或收缩时，说明股价的下跌动力已经消弭，为投资者跟进的最佳时机，这就是所谓的"买小"（即买在小绿柱上）。

2. 零轴下双线黏合抄底法

股价已经过较长时间的调整，MACD 指标（参数设为 12、26、9）的 DIF 线与 DEA 线开始在零轴以下黏合。此现象的出现，大多是庄家在压箱顶吸筹所造成的。这种双线合一的黏合时间越长，表明庄家的吸筹就越充分。一旦 DIF 线脱

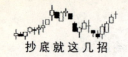

离 DEA 向上运行，则表明庄家已经吸足筹码开始启动行情，此时为最佳买入点（如图 7-26）。

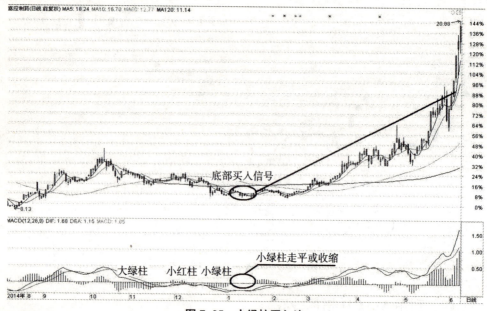

图 7-25　小绿柱买入法

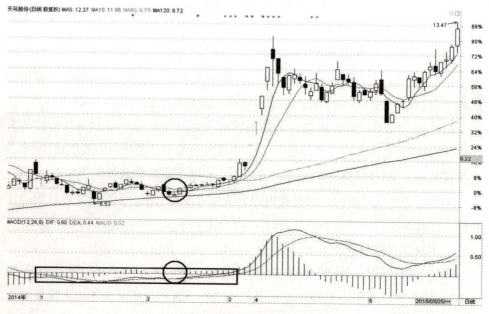

图 7-26　零轴下双线黏合抄底法

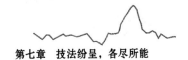

一般情况下，对于这种抄底方法，其需要满足以下几个条件：第一，股价出现较大幅度的调整之前，曾经出现过一波上涨行情，这是庄家资金经常吸筹所引发的股价上涨。第二，股价在调整的过程中，成交量最好是呈现持续萎缩的状态，5 日均线一直在 40 日均线下方运行。第三，MACD 指标的 DIF 线与 DEA 线经过较长时间在零轴下方运行后开始慢慢黏合，形成"双线合一"的形态。通常情况下，DIF 线与 DEA 线的黏合时间越久，说明庄家建仓越充分。

对于操作相对保守的投资者来讲，一旦发现 DIF 线与 DEA 线在零轴下方开始黏合的时候，就可以买进。为了安全起见，最好是分批买进。对于较为激进的投资者来讲，在"双线合一"之后，在 DIF 线脱离 DEA 向上运行之时，说明个股股价即将启动，此时为投资者跟进的最好时机。

3. MACD 指标零轴买入法

股价上升，MACD 指标上穿零轴后进入多头走势中，整体向好，但也不可避免地产生回调。在股价回调的过程中，MACD 指标也自然会跟随下跌，甚至产生"死叉"。但是，如果 MACD 指标在回调时将要"死叉"而没"死叉"，然后掉头向上，表明市场中的空方力量较为虚弱，无力打压股价，股价短暂回调后很可能进入加速上升时期。因此，MACD 指标拒绝"死叉"是短线的绝佳买点，投资者可以择机介入。需要强调的是，必须是零轴之上的拒绝"死叉"，以保证是在中长期上升趋势的背景之下，这样可靠性就很高。

4. MACD 指标底背离抄底

底背离一般出现在股价的低位区，是短期买入股票的信号。股价在低位时，一般要反复出现几次底背离后才能确认趋势反转。这说明指标底背离作为起涨信号还需要谨慎对待，即便产生了也要看后市该股是否形成反转向上的行情，不能先期潜伏，以免掉入陷阱。

5. MACD 指标与 30 日均线结合寻底

实践表明，利用 MACD 与 30 日均线配合起来寻找底部的办法，可剔除绝大多数的无效信号，留下最真、最纯的买入信号。具体来讲，该抄底方法的应用法则可以归述如下：MACD 指标中 DIF 线在零轴以下与 DEA 线"金叉"后没有上升至零轴以上，而是很快又与 DEA 线"死叉"，此时投资者可等待两线再重新"金叉"，若两线再度"金叉"（在零轴以下）前后，30 日平均线亦拐头上行，表明底部构筑成功，之后个股很有可能走出一波强劲的上升行情（如图 7-27）。

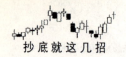

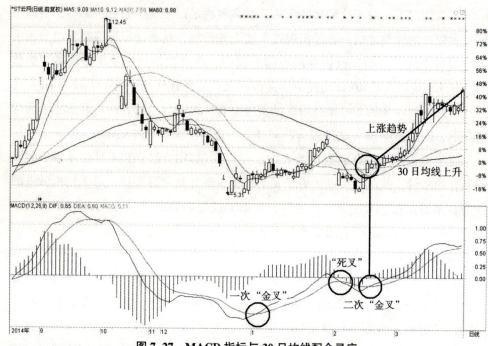

图 7-27　MACD 指标与 30 日均线配合寻底

抄底箴言

在股市中，MACD 指标是最著名的趋势性指标，其主要特点是稳健性，这种指标不过度灵敏的特性对短线而言固然有过于缓慢的缺点，但正因为如此，也决定其能在周期较长、数据数目较多行情中给出相对稳妥的趋势指向。若以此类推，将 MACD 在相对较长的分时图，如 15 分钟以上，尤其是在牛市交易日运用，则可化长为短，成为几个交易内做短线的极佳工具。值得注意的是，在现在的股票交易系统里，快速参数多取 12 日，慢速参数多取 26 日，这是因为中国股市在早期是一周 6 个交易日，一月平均 26 个交易日，如此沿袭下来，投资者可改为 10 和 22，但基本差别不大，所以一直沿袭至今。

招法 51 OBV 指标抄底

一、OBV 指标概要

所谓 OBV 指标，全称为能量潮指标，是由美国的投资分析家 Joe Granville 所创。该指标通过统计成交量变动的趋势来推测股价趋势。OBV 以 "N" 字形为波动单位，并且由许许多多 "N" 形波构成了 OBV 的曲线图，对一浪高于一浪的 "N" 形波，称其为 "上升潮"（UP TIDE），至于上升潮中的下跌回落则称为 "下跌潮"（DOWN FIELD）。

OBV 指标是将成交量数量化，制成趋势线，配合股价趋势线，从价格的变动及成交量的增减关系，推测市场气氛。其主要理论基础是市场价格的变化必须有成交量的配合，股价的波动与成交量的扩大或萎缩有密切的关联。通常股价上升所需的成交量总是较大；下跌时，则成交量总是较小。价格升降而成交量不相应升降，则市场价格的变动难以为继。投资者可用该指标发现阶段性底部，用于抄底操作（如图 7-28）。

二、OBV 指标的要点分析

就 OBV 指标而言，投资者在对其进行分析时，需要把握以下几点：

（1）OBV 线从正的累积数转为负数时，为下跌趋势，应该卖出持有股票。反之，OBV 线从负的累积数转为正数时，应该买进股票。

（2）当 OBV 线下降而股价却上升，预示股票上升能量不足，股价可能随时下跌，是卖出股票的信号。

（3）当 OBV 线上升而股价却小幅下跌，说明市场上人气旺盛，下档承接力较强，股价的下跌只是暂时的技术性回调，股价可能即将止跌回升。

（4）当股价上涨，OBV 指标同步向上，反映在大盘或个股的信号上就是一个价涨量增的看涨信号，表明市场的持仓兴趣在增加。

（5）当股价下跌，OBV 指标同步向下，反映在大盘或个股的信号上就是一个

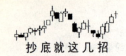

图 7-28　OBV 指标

下跌动能增加的信号。市场做空动能的释放必然会带来股票价格大幅下行，这种情况发生时，投资者应该首先想到的是设立好止损位和离场观望。在这种情况下，回避风险成为第一要点。

（6）当股价变动，OBV 指标呈水平状态，首先表现为目前市场的持仓兴趣变化不大，其次表现为目前的大盘或个股为调整状态，投资者最好不要参与调整。当股价下跌，OBV 指标呈水平状态，是股价下跌不需要成交量配合的一个最好表象。这种股价缩量下跌时间延长，必将带来投资者的全线套牢。

（7）当股价波动形态有可能形成"M 头"（或三重顶等顶部形态）时，OBV 线会发出很强的警示信号。当股价经过一段回落调整再次到达前期顶部附近小幅盘整时，而此时的 OBV 线也无力上扬，成交量萎缩，此时股价很容易再次下跌形成"M 头"，此时投资者应倍加警惕。如果 OBV 线与股价形态几乎同时形成三重顶形态，更应短线卖出股票。当股价波动形态有可能形成"W 底"（或三重底等底部形态）时，OBV 线也会发出较强的警示信号。当股价形态即将形成"W 底"时，如果与之相对应的 OBV 线领先上扬，成交量放大，是一种股价可能短期见底的信号。如果 OBV 线与股价形态几乎同时形成三重底时，股价阶段性的

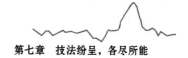

底部特征将更明显。

三、利用 OBV 指标抄底

在实际操作中，投资者在利用 OBV 指标进行抄底时，需要把握以下几点：

（1）OBV 线的"底背离现象"和"异常动向"往往对于选"黑马"有着相当明确的指示作用。当股价经过大幅下跌之后，OBV 值在 0~20% 的区域内明显止跌回稳，并出现超过一个月以上，近似水平的横向移动时，表明市场正处于一段漫长的盘整期，大部分投资者没有耐心而纷纷离场，然而此时往往预示着看空的能量已慢慢减少，逢低吸纳的资金已逐渐增强，大行情随时都有可能发生。当 OBV 值能够有效向上爬升时，则表明庄家收集阶段已经完成，投资者可根据该收集阶段的股价来计算庄家吸货阶段的成本价，计算方法为：

庄家成本价 = 吸货区域的（最高价 + 最低价）÷2

（2）当 OBV 线出现急速下跌的现象时，表明市场上大量卖盘汹涌而出，股市行情已经转为跌势，行价将进入一段较长时期的下跌过程中，此时，投资者还是应以持币观望为主，不要轻易抢反弹。只有当 OBV 线经过急跌后，在低部开始形成锯齿状的曲线时，才可以考虑进场介入，做短期反弹行情。

（3）OBV 线经过长期累积后的大波段的低点（即累积低点），常会形成行情下跌的大支撑区，股价会在这区域附近遇到极强的下跌支撑而止跌企稳。而一旦股价向下跌破这长期支撑区，其后续跌势将更猛。

对于中长线庄家而言，在底部收集筹码阶段，为了降低建仓的成本，就会把小幅上涨的股价向下打压，到底部后继续吸筹，如此反复。这个过程反映在 OBV 上，就是股价在底部盘整，而 OBV 却一波一波走高，形成底部背离形态。需要提醒投资者的是，投资大众所掌握的分析方法也有可能被机构利用。最有效的方法是选择 15 分钟或 60 分钟的 OBV 线，这样就可以避开庄家释放的"烟雾"（如图 7-29）。

（4）OBV 出现横盘，量能萎缩，股价将大涨。如果 OBV 出现横盘整理，成交量却显示萎缩，这是庄家拉升前，连续打压股价所致，所以 OBV 出现横盘，量能萎缩，预示着股价将会大涨（如图 7-30）。

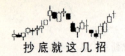

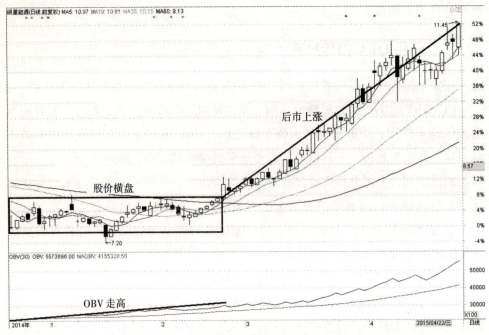

图7-29 底背离确定庄家吸筹，预示后市大涨

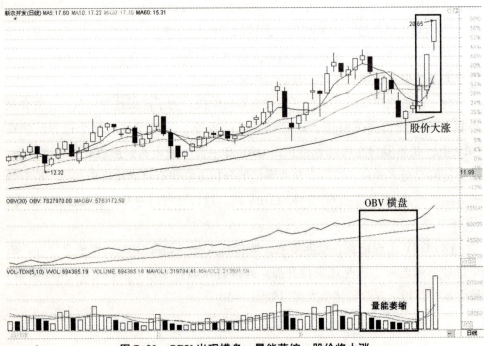

图7-30 OBV出现横盘，量能萎缩，股价将大涨

抄底箴言

在证券市场中，价格、成交量、时间、空间是进行技术分析的四大要素，由此投资者应该清楚 OBV 指标作为成交量的指标，它不能单独使用，必须与价格曲线同时使用才能发挥作用。

招法 52　RSI 指标抄底

一、RSI 指标概要

所谓 RSI 指标，全称为相对强弱指标，是根据股票市场上供求关系平衡的原理，通过比较一段时期内单个股票价格涨跌的幅度或整个市场指数涨跌的大小来分析判断市场上多空双方买卖力量的强弱程度，从而判断未来市场走势的一种技术指标。可用于底部分析，并用于抄底操作。

从它的构造原理来看，与 MACD、TRIX 等趋向类指标相同的是，RSI 指标是对单个股票或整个市场指数的基本变化趋势做出分析，而与 MACD、TRIX 等不同的是，RSI 指标是先求出单个股票若干时刻的收盘价或整个指数若干时刻收盘指数的强弱，而不是直接对股票的收盘价或股票市场指数进行平滑处理（如图 7-31）。

二、RSI 指标的要点分析

概括来讲，对于 RSI 指标的分析主要可以归纳为以下几点：

1. RSI 指标的取值

受计算公式的限制，不论价位如何变动，强弱指标的值均在 0~100。一般情况下，当 RSI 指标高于 50，表示强势市场；反之，低于 50，表示为弱势市场。

2. RSI 指标的超买、超卖

通常情况下，RSI 的数值在 80 以上和 20 以下为超买或超卖区的分界线。当 RSI 值超过 80 时，表示整个市场力度过强，多方力量远大于空方力量，双方力

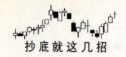

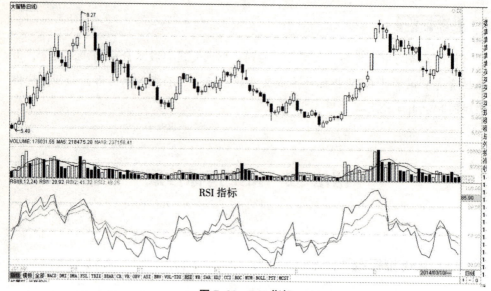

图7-31　RSI指标

量对比悬殊，多方大胜，市场处于超买状态，后续行情有可能出现回调或转势，此时，投资者可卖出股票。当RSI值低于20时，则表示市场上卖盘多于买盘，空方力量强于多方力量，空方大举进攻后，市场下跌的幅度过大，已处于超卖状态，股价可能出现反弹或转势，投资者可适量建仓、买入股票。如果RSI在50左右徘徊，表明当前市场的趋势并不明显，投资者可等到趋势明朗之后再参与操作。

事实上，超买或超卖的界定并没有一个硬性的标准，其会受到市场的影响。在特殊的涨跌行情中，RSI的超卖或超买区的划分要视具体情况而定。比如，在牛市中或对于牛股，超买区可定为90以上，而在熊市中或对于熊股，超卖区可定为10以下（对于这点是相对于参数设置小的RSI而言的，如果参数设置大，则RSI很难到达90以上和10以下）。

3. RSI指标的交叉

短期RSI是指参数相对小的RSI，长期RSI是指参数相对较长的RSI。比如，在6日RSI和12日RSI中，6日RSI即为短期RSI，12日RSI即为长期RSI。长短期RSI线的交叉情况可以作为我们研判行情的方法。

在通常情况下，短期RSI大于长期RSI，为多头市场；反之，为空头市场。短期RSI在20以下超卖区内，由下往上交叉长期RSI时，为买进信号；短期

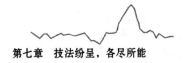

RSI 在 80 以上超买区内，由上往下交叉长期 RSI 时，为卖出信号（如图 7-32）。

图 7-32　RSI 指标"金叉"

4. RSI 指标的背离

一般来讲，RSI 指标的背离会在 20 以下的低价位区出现。从 K 线图上来看，股价一波比一波低，但是，RSI 指标止跌企稳，走出一波比一波高的走势，为 RSI 指标的底背离。底背离的出现，说明股价在短时间内出现反弹行情的概率较高，为买进信号（如图 7-33）。当 RSI 处于高位，但在创出 RSI 近期新高后，反而形成一峰比一峰低的走势，而此时 K 线图上的股价却再次创出新高，形成一峰比一峰高的走势，这就是顶背离。顶背离现象一般是股价在高位即将反转的信号，表明股价短期内即将下跌，是卖出信号。

与 MACD、RSI 等指标的背离现象研判一样，在 RSI 的背离中，顶背离的研判准确性要高于底背离。当股价在高位，RSI 在 80 以上出现顶背离时，可以认为股价即将反转向下，投资者可以及时卖出股票；而股价在低位，RSI 也在低位出现底背离时，一般要反复出现几次底背离才能确认，并且投资者只能做战略建仓或做短期投资。

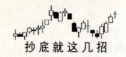

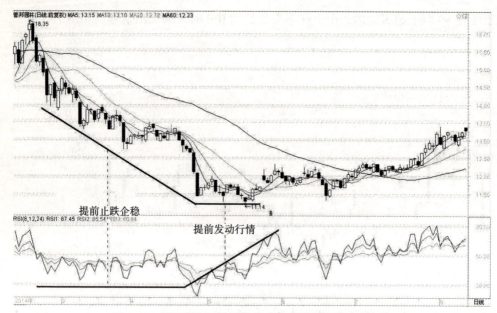

图 7-33 RSI 指标下跌趋势中率先企稳并提前发动行情

5. RSI 指标的形态分析

当 RSI 曲线在高位（50 以上）形成"M 头"或三重顶等高位反转形态时，意味着股价上升动能已经衰竭，股价有可能出现长期反转行情，此时，投资者要及早卖出。而且，如果股价走势曲线也先后出现同样形态则更可确认，股价下跌的幅度和过程可参照"M 头"或三重顶等顶部反转形态的研判。当 RSI 曲线在低位（50 以下）形成"W 底"或三重底等低位反转形态时，意味着股价的下跌动能已经减弱，股价构筑中长期底部的可能性较大，此时，投资者可以逢低吸纳。如果股价走势曲线也先后出现同样形态则更可确认，股价的上涨幅度及过程可参照"W 底"或三重底等底部反转形态的研判（如图 7-34）。

6. 趋势线

连接 RSI 连续的两个底部，画出一条由左向右上方倾斜的切线，当 RSI 向下跌破这条切线时，为较好的卖出信号；连接 RSI 连续的两个峰顶，画出一条由左向右下方倾斜的切线，当 RSI 向上突破这条切线时，为较好的买进信号。从实战的情形来看，这只是短线买卖信号，中线效果并不十分好。

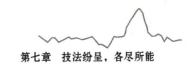

图7-34 RSI指标的"W底"预示后市看涨

三、利用 RSI 指标抄底

在实战中，投资者在利用 RSI 指标进行抄底时，要把握以下几个方面：

1. 利用周线 RSI 指标操作

具体来讲，此操作方法需要符合以下几个条件：大盘暴跌后连绵阴跌，盘面表现为多方几乎没有招架之力；下跌幅度高于 40% 为佳，而且越深越好，以回到上波牛市行情或反弹行情启动位置附近最佳；下跌的时间越长越好，以 25 周以上为宜。一般来讲，如果符合以上三个要点，当周线 RSI 值小于 15 时，可坚决介入，而且可以基本确认离牛市大底已经不远。

2. RSI 指标组合操作法

和其他指标相比，RSI 指标波动频繁，而且其预示的趋势性不是很明显，在实际研判行情中，往往会给投资者以错乱无序的感觉。如果要利用该指标来捕捉底部，最好是结合其波动区域来谈。

（1）6 日 RSI 和 14 日 RSI。一般而言，当 6 日 RSI 值下跌至 20 以下，则往往会带来一定的短线操作机会。而这种机会的上涨幅度只能靠 6 日 RSI 和 14 日

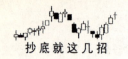

RSI 指标所形成的形态。如果 6 日 RSI 和 14 日 RSI 指标能够形成双重底形态或者是头肩底形态，个股的上涨幅度通常比较可观。然而，如果 6 日 RSI 跌到 20 以下没有形成一次稍微大的反弹行情，而且当时处于一个下降通道的横盘整理，那么可能就会出现一次暴跌过程。假如 6 日 RSI 数天徘徊在 20 以下都没反弹，那么就可以考虑运用 RSI 指标背离预测功能来鉴定其是否形成了中期底部。

（2）12 日 RSI 和 72 日 RSI。当 12 日 RSI 曲线在 50 数值附近向上突破 72 日 RSI 曲线形成"金叉"时，说明场中的多方力量已经战胜了空方力量，股价即将开始展开一波上升行情，这是 RSI 指标所指示的中线买入信号。特别是当股价也同时带量向上突破中长期均线时，这种买入信号比较准确。在这种情况下，投资者可以积极参与，逢低吸纳。

（3）9 日 RSI 和 12 日 RSI。当 9 日 RSI 和 12 日 RSI 曲线在 50 数值下方，几乎同时向上突破 50 数值这条 RSI 指标的多空平衡线时，说明场中的多方力量占据了绝对优势地位，股价即将上涨，这也是 RSI 指标所指示的中线买入信号。特别是当前期股价经过了在一段狭小的价位区间整理，然后带量突破时，这种买入信号比较准确。此时，投资者应及时跟进。

（4）7 日 RSI、14 日 RSI 与 21 日 RSI。当股价经过大幅度的调整后，密切观察探底神针 RSI 指标的见底信号，要求 7 日 RSI 指标小于 10，14 日 RSI 指标必须小于 20，21 日 RSI 指标小于 30。当 RSI 指标达到上述标准后，如果股价继续下跌，而 RSI 指标出现明显止跌信号，并与股价走势背离，投资者则可以重点关注。

在具体操作中，为了安全起见，投资者可以结合成交量分析个股是否见底。通常来讲，如果 RSI 指标出现 7 日线上穿 14 日线和 14 日线上穿 21 日线的黄金交叉，并且 RSI 三线呈现出多头排列，表明 RSI 指标已经完成了买入底的提示作用。当 RSI 指标符合上述技术要求时，投资者需要观察成交量的动向。

就成交量而言，投资者在对其进行分析的时候，要把握两点：第一，当 RSI 指标满足上述特征，观察成交量是否出现缩量甚至地量。若个股成交量较少，说明个股很快就会完成探底，此时，投资者可以积极参与。第二，在确定该股完成探底，而投资者也参与操作之后，应观察个股是否有实质性增量资金介入的放量过程，如果不能有效放量，则说明目前的底部仍是阶段性底部，投资者需要以短线反弹行情对待。如果该股探底成功后，量能有效、持续性地放大，则投资者可

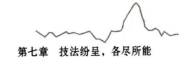

以将其视为个股的重要底部。

抄底箴言

需要强调的是，虽然利用 RSI 指标可以减少损失，但 RSI 只能作为一个警告信号，并不意味着市场必然朝这个方向持续发展，尤其在市场剧烈震荡时，投资者还应该参考其他指标综合分析，不能简单地依赖 RSI 的信号而做出买卖决定。

招法 53 CCI 指标抄底

一、CCI 指标概要

所谓 CCI 指标，全称为超买超卖指标，顾名思义，"超买"就是已经超出买方的能力，买进股票的人数超过了一定比例，那么，这时候应该反向卖出股票；"超卖"则代表卖方卖股票卖过了头，卖股票的人数超过一定比例时，反而应该买进股票。其中的炒卖位于股价的底部，可据此研判底部，并进行抄底操作。但是，如果行情是超乎寻常的强势，则超买超卖指标会突然间失去方向，行情不停地持续前进，似乎失去了控制，对于股价的这种脱序行为，CCI 指标提供了不同的看法。这样就有利于投资者更好地研判行情，特别是那些短期内暴涨、暴跌的非常态行情（如图 7-35）。

与大多数单一利用股票的收盘价、开盘价、最高价或最低价而发明出的各种技术分析指标不同，CCI 指标是根据统计学原理，引进股价格与固定期间的股价平均区间的偏离程度的概念，强调股价平均绝对偏差在股市技术分析中的重要性，为一种较为特别的技术指标。

二、CCI 指标要点分析

就 CCI 指标而言，投资者在对其进行分析的时候，需要把握以下要点：

1. CCI 的取值区间

目前，在多数股票分析软件中，CCI 指标的分析区间集中在 -100~+100。

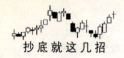
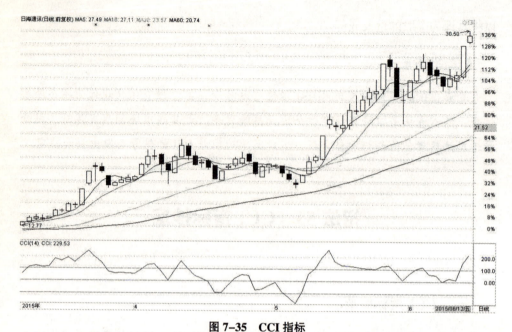

图 7-35　CCI 指标

（1）按市场通行的标准，CCI 指标的运行区间可分为三大类：大于+100、小于-100 和+100~-100。

（2）当 CCI>+100 时，表明股价已经进入非常态区间——超买区间，对股价的异动现象应多加关注。

（3）当 CCI<-100 时，表明股价已经进入另一个非常态区间——超卖区间，可逢低吸纳。

（4）当 CCI 介于+100~-100 时，不能够对大盘及个股的操作提供多少明确的建议，因此，它在正常情况下是无效的。这也反映了该指标的特点：CCI 指标就是专门针对极端情况设计的。换言之，在一般常态行情下，CCI 指标作用不明显，当 CCI 扫描到异常股价波动时，要求速战速决，即使亏损了也必须立刻了结。

2. CCI 的运行区间

在具体应用中，CCI 指标的运行是投资者需要重点关注的：

（1）当 CCI 指标从下快速向上突破+100 线进入非常态区间时，表明股价脱离常态进入异常波动阶段，短线投资者可以积极跟进。而且，如果有比较大的成交量配合，则买入信号更为可靠。如果缓慢通过，只是一个普通行情，意义不大。

（2）当 CCI 指标从上向下突破+100 线重新进入常态区间时，表明股价的上涨趋势可能结束，将进入一个比较长时间的中枢震荡阶段。如果 30 分钟级别 CCI 指标向下离+100 渐行渐远时，应当及早离场，特别是在熊市阶段，其反抽后的下行意味着暴跌即将来临。

（3）当 CCI 指标从上向下突破–100 线进入另一个非常态区间时，表明股价的盘整阶段已经结束，将进入一个比较长的寻底过程，应持币观望。

（4）当 CCI 指标从下向上突破–100 线重新进入常态区间时，表明股价的探底阶段可能结束，又将进入一个中枢震荡阶段。在这种情况下，投资者可以逢低少量回补股票。

3. CCI 指标的背离

当 CCI 曲线处于远离+100 线的高位，但它在创出近期新高后，CCI 曲线反而形成一峰比一峰低的走势，而此时 K 线图上的股价却再次创出新高，形成一峰比一峰高的走势，这就是顶背离。顶背离的出现，说明股价在高价位将要出现反转，即将走出一波下跌行情，投资者应及时卖出。

CCI 的底背离一般是出现在远离–100 线以下的低位区，当 K 线图上的股价一路下跌，形成一波比一波低的走势，而 CCI 曲线在低位却率先止跌企稳，并形成一底比一底高的走势，这就是底背离。底背离的出现，说明股价在低价位即将发生反弹，会走出一波上涨行情，投资者可乘机买进（如图 7–36）。

图 7–36　CCI 指标的底背离

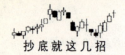

4. CCI 指标的形态

当 CCI 曲线在远离+100 线上方的高位时，如果 CCI 曲线的走势形成"M 头"或三重顶等顶部反转形态，可能预示着股价由强势转为弱势，股价即将大跌，应及时卖出股票。如果股价的曲线也出现同样形态则更可确认，其跌幅可以用"M 头"或三重顶等形态理论来研判（如图 7-37）。

图 7-37 CCI 指标的"M 头"

当 CCI 曲线在远离-100 线下方的低位时，如果 CCI 曲线的走势出现"W 底"或三重底等底部反转形态，可能预示着股价由弱势转为强势，股价即将反弹向上，可以逢低少量吸纳股票。如果股价曲线也出现同样形态更可确认，其涨幅可以用 W 底或三重底形态理论来研判（如图 7-38）。

从实战情形来看，CCI 曲线的形态中"M 头"和三重顶形态的准确性要大于"W 底"和三重底。

三、利用 CCI 指标抄底

抄短底，是上升波必不可少的功夫，用于抄短底的指标，一般投资者都是使用随机指标 KDJ、相对强弱指标 RSI、威廉指标 W%R。其实，在短线指标中，最灵敏的并不是上述最常用的指标，而是超卖超买指标 CCI，尤其是该指标用于

图 7-38 CCI 指标的 "W 底"

捕捉大盘短线底的灵敏度更高、更明显，安全性相对说来也更好。在实际操作中，投资者在利用 CCI 指标进行抄底的时候，需要重点把握以下几个方面：

1. 牛市研判法

对于长线投资者来讲，无非是判断大的牛市上涨和发掘具有大牛走势的长线股，可以利用月线 CCI 帮助研判。当大盘或个股的月线 CCI（参数 14）上穿+100，说明长线投资者开始进入疯狂状态，市场人气开始高涨，市场形成牛市的概率非常大，股票也往往易于走出长线行情，可以在这种状况下进行长线持股。

2. 超跌买入法

在股市中，多数投资者都较为青睐短线投资。客观来讲，短线投资所需时间短，投资效率较高，然而风险也是操作手法中相对较高的。实战经验表明：CCI 指标可以为短线投资者的成功助一臂之力（如图 7-39）。

参数为 14 的 CCI 如果下穿-100，通常说明市场已经出现了不正常的下跌，如果能够下到-220 以下，则说明从价格上来讲，股价短期已经严重超跌，出现反弹的概率就会有所增加。此时，如果有明显跌无可跌的走势可考虑少量逢低介入，往往会有短线利润。但是，需要说明的一点是，该方法是在比较弱的状态下

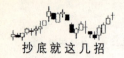
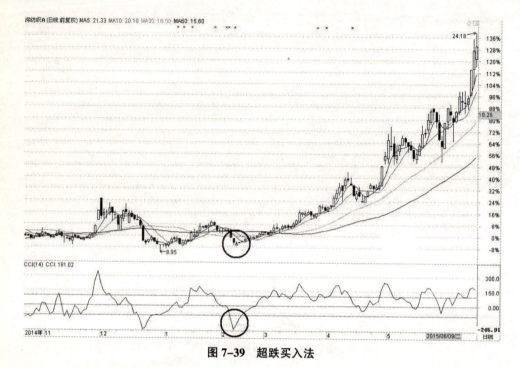

图 7-39　超跌买入法

进行的，所以一定要控制好仓位，并且注意设好止损。

3. 底背离操作法

当 CCI 指标数值向下远离 -100 的低位区域时，在该区域指标与股价形成底背离成功率相对较高。在下降行情中，底背离现象很可能会反复出现多次。

4. 波段操作法

事实上，牛市确实是投资者的福音，但是牛市行情往往也是可遇不可求的。通常来讲，多数投资者都是无法准确判断股价何时会结束上涨，所以，多数投资者在具体操作中都会选择波段操作法。当市场给出机会后，不管是不是牛市行情，要先保证赚到利润，而当风险出现时就先退出市场观望。虽然这种想法很好，但在面对下降阶段的小幅上涨时就会显得力不从心。小波段的弱势反弹行情给人的感觉是有利润可赚，然而，一旦投资者买进，股价却不涨反跌。一般情况下，这样的上涨就被称为假涨，而这样的假涨往往会让很多人不断地亏损。事实证明：CCI 指标又一次为投资者指明了道路，即投资者可以利用 CCI 指标识别股价上涨的真实性。具体来讲，投资者首先需要将 CCI 指标的参数设置为 88。而将参数设为 88 的主要原因就是，CCI 指标的变动速度太快，容易出现骗线，而

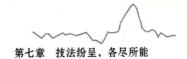

调大参数后可以去除一些虚假的上涨骗线，大大提高成功的概率，此参数下的 CCI 轻易不会上穿+100。而当它在低位徘徊一段时间后突然上穿+100 时，则市场出现波段行情的概率就非常大，可考虑进场进行波段操作。

抄底箴言

需要强调的是，任何指标都存在骗线的可能，结合多个指标共同研判能够提高决策的准确率。一般情况下，CCI 底部买入方法能够让投资者买在一个相对性的底部区域，但并不一定买在最低价，买在最低价是小概率事件。因此，在使用的过程中，投资者需要结合严格的买入与止损止赢纪律。

招法 54　BOLL 指标抄底

一、CCI 指标概要

BOLL 指标（布林线指标）是根据统计学中标准差原理设计出来的一种相对比较实用的技术指标。参考布林线进行买卖，不仅能指示支持位、压力位，显示超买区域、超卖区域，进而指示运行趋势，还能有效规避主力惯用的技术陷阱，即诱多或诱空。该技术手段特别适用于抄底的波段操作。布林通道线 BOLL 由上、中、下三条轨道线组成，多数情况下，价格总是在这个带状区间中运行，并且随价格的变化自动调整轨道的位置，而带状的宽度可以看出价格的变动幅度，越宽则表示价格变化越大。

BOLL 指标的参数一般设置为 20，不能小于 6。设置为 20 是比较科学的一种设定，现今股票软件基本均默认为 20。

通过布林通道线 BOLL 可以评估股票走势的强弱，当价格线位于布林线中轨以上时，趋势偏强；当价格线处于布林线中轨以下时，则趋势看淡。布林通道的两极为上轨和下轨，表示极强和极弱。

由于股价的波动，BOLL 指标中的上、中、下轨线所形成的股价通道，其移动范围具有不确定性。通道上下限会随股价的波动不断变化，正常情况下股价应

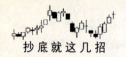
运行于股价通道内，若股价脱离通道，则意味着行情处于极端的超买或超卖状态。

一般来说，股价会运行在压力线和支撑线所形成的通道中。在应用该指标时，重点是波动带的变动和指数或股价对波动带的穿越。一般而言，当布林线的波动带呈水平方向移动时，可以被视为目前的趋势以横盘运行为主，属于"常态的范围"。在这种情况下，当股价向上穿越"上轨"时，将会形成短期的回档，可以看作是短线的卖出信号；股价向下穿越"下轨"时，将会形成短期的反弹，此时则为短线的买进时机。但股指或股价经过一段时间的横盘运行后，布林线的波动带区间有收窄迹象，即"上轨"和"下轨"相互靠拢时，则表示将要开始出现变盘。此时若股价连续穿越"上轨"，表示股价将朝上涨方向运行；而当股价连续穿越"下轨"，表示股价将朝下跌方向运行（如图7-40）。

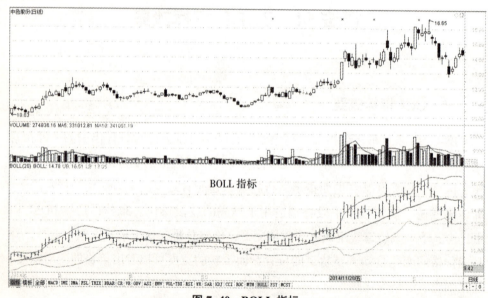

图 7-40　BOLL 指标

二、BOLL 指标要点分析

在 BOLL 指标中，股价通道的上下轨是股价安全运行的最高价位和最低价位。上轨线、中轨线和下轨线对股价的运行都可以起到支撑作用，而上轨线和中轨线有时则会对股价的运行起到压力作用。一般情况下，若股价运行在 BOLL 指标中轨线的上方，说明处于强势趋势中；若股价运行在 BOLL 指标中轨线下方，说明股价处于弱势趋势中。

1. BOLL 指标的上、中、下轨线之间的关系

（1）若 BOLL 指标的上、中、下轨三线均向上运行，说明股价处在强势行情中，短期仍有继续上涨的动力，应持股待涨或逢低吸纳。

（2）若 BOLL 指标的上、中、下轨三线均向下运行，说明股价处在弱势行情中，短期仍有下跌的趋势，应持币观望或逢高抛售。

（3）若 BOLL 指标的上轨线向下运行，而中轨和下轨两线依然向上运行，说明股价处于整理态势中。如果股价是处于长期上升趋势，说明是上涨途中的强势整理，可持股观望或逢低短线吸纳；如果股价是处于长期下跌趋势，说明是下跌途中的弱势整理，可持币观望或逢高减仓。

（4）若 BOLL 指标的上轨线向上运行，而中轨线和下轨线同时向下运行，就不作研判。

（5）若 BOLL 指标的上、中、下轨三线几乎处于水平方向横向运行，则要根据股价当时的走势进行判断。

2. K 线和布林线上、中、下轨之间的关系

（1）当 K 线从布林线的中轨线以下、向上突破布林线中轨线时，预示着股价的强势特征开始出现，股价将上涨，投资者应以中长线买入股票为主。当 K 线从布林线的中轨线以上、向上突破布林线上轨时，预示着股价的强势特征已经确立，股价将可能短线大涨，投资者应以持股待涨或短线买入为主。

（2）当 K 线向上突破布林线上轨以后，其运动方向继续向上时，如果布林线的上、中、下轨线的运动方向也同时向上，则预示着股市的强势特征依旧，股价短期内还将上涨，投资者应坚决持股待涨，直到 K 线的运动方向开始有掉头向下的迹象时才密切注意行情是否转势。当 K 线在布林线上方向上运动了一段时间后，如果 K 线的运动方向开始掉头向下，投资者应格外小心，一旦 K 线掉头向下并突破布林线上轨时，预示着股价短期的强势行情可能结束，股价短期内将大跌，投资者应及时短线卖出股票、离场观望。特别是对于那些短线涨幅很大的股票。

（3）当 K 线从布林线的上方、向下突破布林线上轨后，如果布林线的上、中、下轨线的运动方向也开始同时向下，预示着股价的短期强势行情即将结束，股价的短期走势不容乐观，投资者应以逢高减磅为主。当 K 线从布林线中轨上方

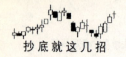
向下突破布林线的中轨时，预示着股价前期的强势行情已经结束，股价的中期下跌趋势已经形成，投资者应中线及时卖出股票。如果布林线的上、中、下线也同时向下，则更能确认。

（4）当K线向下跌破布林线的下轨并继续向下时，预示着股价处于极度弱势行情，投资者应坚决以持币观望为主，尽量不买入股票。当K线在布林线下轨运行了一段时间后，如果K线的运动方向有掉头向上的迹象时，表明股价短期内将止跌企稳，投资者可以少量逢低建仓。当K线从布林线下轨下方向上突破布林线下轨时，预示着股价的短期行情可能回暖，投资者可以及时适量买进股票，做短线反弹行情。

三、用 BOLL 指标抄底

BOLL 指标的实战技巧主要集中在股价 K 线与 BOLL 指标的上、中、下轨之间的关系及布林线的开口和收口的状况等方面。

（1）当股价 K 线带量向上突破布林线的上轨，并且 TRIX 指标也已经发出底位"金叉"信号时，说明股价即将进入一个中长期上升通道之中，这是 BOLL 指标发出的买入信号。此时，投资者应及时买入股票（如图 7-41）。

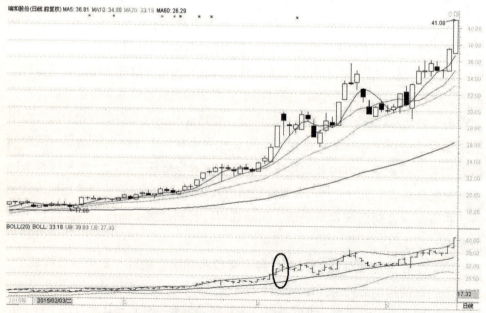

图 7-41　K 线带量向上突破布林线的上轨确定买入信号

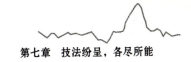

（2）当布林线轨道很长一段时间底位窄幅水平运动后，一旦股价 K 线带量向上突破布林线的上轨，同时原本狭窄的布林线通道突然开口向上时，说明股价即将脱离原来的水平运行通道、进入新的上升通道之中，这也是 BOLL 指标发出的买入信号（如图 7-42）。

图 7-42　布林线通道窄幅运动后开口向上确定买入时机

（3）当 K 线向上突破 BOLL 指标的中轨，若股价依托 BOLL 线中轨向上攀升，说明行情中期上行趋势已经形成，是买入和加仓的机会。当 K 线自下向上突破下轨线时，意味着短期触底反弹，行情趋势有可能短期转好，是适当短线操作信号。此时由于 K 线还未突破中轨线，说明中期趋势仍弱，因此操作上一定要以轻仓反弹操作策略为主。当 K 线依托下轨线运行了一段时间后，K 线的运动方向有反弹向上的迹象，意味着行情短期内将止跌回稳，是短线小幅度建仓信号。

（4）用"喇叭口"确定买入时机。BOLL 指标独特的研判手段就是"喇叭口"研判，所谓 BOLL 指标"喇叭口"是指在市场价格运行的过程中，BOLL 指标的上轨线和下轨线分别从两个相反的方向与中轨线大幅扩张或靠拢而形成的类似于喇叭口的特殊形状。根据 BOLL 指标上轨线和下轨线运行方向和所处的位置的不同，我们又可以将"喇叭口"分为"开口型喇叭口"、"收口型喇叭口"和"紧口

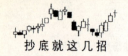
型喇叭口"三种类型。

股价经过长期下跌整理后，布林线的上轨线和下轨线逐步收缩，上下轨之间的距离越来越近，随着量能逐步地放大，股价突然向上出现急速飙升的运行情况，此时布林线上轨线也同时急速向上扬升，而下轨线却加速向下运行，这样整个布林线上下轨线之间的形状就形成了一个类似于"大喇叭"的特殊形态，这就是"开口型喇叭"。

"开口型喇叭口"是一种显示股价短线大幅向上突破的形态。它是形成于股价经过长时间的低位横盘筑底后，面临着向上变盘时所出现的一种走势。布林线的上轨线、下轨线出现方向截然相反而力度却很大的走势，预示着多头力量逐渐强大，空头力量逐步衰竭，股价将处于短期大幅拉升行情之中。

"开口型喇叭口"形态的形成必须具备两个条件。其一，股价要经过长时间的中低位横盘整理，整理时间越长，上下轨之间的距离越小，则未来涨升的幅度越大；其二，布林线开始开口时要有明显大的成交量出现。一旦出现这种情况，预示着一波大级别反转行情的到来。这样的股票，涨起来就不止20%，至少要获取一倍以上的收益才可以收手。布林线的分析同样适用于大盘（如图7-43）。

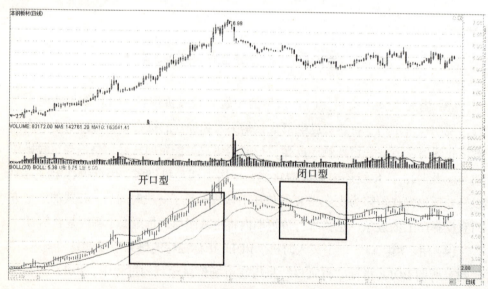

图7-43 "开口型喇叭"与"闭口型喇叭"

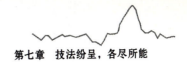

同理，"缩口型喇叭"是一种显示股价短线大幅向下突破的形态，投资者要及时卖出股要。

抄底箴言

在使用 BOLL 指标时，当 K 线一直处于中轨线上方，并和中轨线一起向上运动时，表明股价处于强势上涨过程中，只要 K 线不跌破中轨线，投资者坚决一路持股。当 K 线一直处于中轨线下方，并和中轨线一起向下运动时，表明股价处于弱势下跌过程中，只要 K 线不向上反转突破中轨线，稳健的投资者都可一路观望。

第八章 去伪存真，流沙成金
——底部真伪的识别之道

招法 56 真假底部的解析

在长期下跌途中，突然出现一两根阳线，不少投资者会这样想：既然已经跌了这么久了，也该见底了。于是，持币者迫不及待地加入抄底大军的行列。对于手中持股的投资者来讲，此时更是不愿意离场，多数投资者还会迫切地进行补仓，根本不会想到趁反弹逃命。事实上，这时出现的底部往往是假象，是假底。轻率抄"底"者没被套在头部，反倒被套在腰部，而补仓者则"旧恨未解，又添新仇"。

在实际操作中，对于真底与假底的分析，投资者需要把握以下几个方面：

第一，真底往往经过多次下探才会出现，才会扎实。一般情况下，"V 形底"大多可以视为假底。因为底部形态多以双重底或三重底的形式出现，也就是很少出现一次构筑成功的，因此"V 形底"最不可靠。在相对低位出现的放量阳线，极有可能是庄家开始初步建仓的信号，建仓之后往往会有个打压的过程，甚至会创出新的低点，这个新的低点才是真底（如图 8-1）。

第二，真底必须出现有号召力的龙头品种。每一波行情都有自己的灵魂，比如股指大涨，有明显的热点板块，特别领涨的是科技股、优质股、指标股时，出现的多是真底，而且见底之后出现的必然是一波大行情。而领涨的热点是杂乱无章、无号召力的品种，此时出现的多是假底。

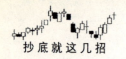
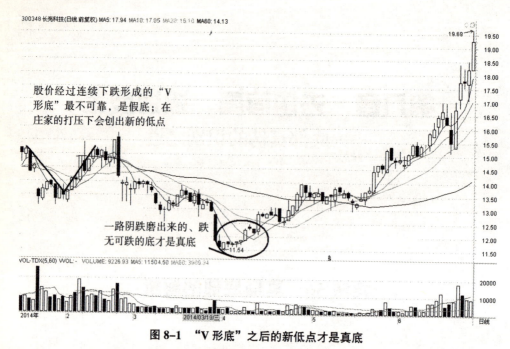

图 8-1 "V 形底" 之后的新低点才是真底

第三，从周 K 线图上判断真假底部。

日 K 线图的底部固然重要，但经常有日 K 线图的假底部，股价在假底部做出上扬的架势，但不久跌穿底部展开另一浪更凶的跌势。对于新入市的投资者来讲，往往会在假底上被套牢，在真底出现的时候却又割肉止损。事实上，对于有实战经验的投资者来讲，偶尔也会遇到这种情况。从实战的情况来看，避免此类情况最有效的方法是看周 K 线图，也就是把观察时间放得更长一些，目光更远：

（1）必须发生在跌势中，且有相当的跌势才算是大底的理想区，跌幅不深只是下跌阶段中的休息区，暂时止跌并不能为大底。

（2）大底的 K 线一定要有下影线，因为下影线表示探底后获得支撑，为反弹的必要条件。跌势中必须出现明显量缩才会酝酿大底，且大底完成必须配合成交量放大才会推升。

（3）大底的 K 线可以日 K 线、周 K 线、月 K 线为准，大底区越长，其涨势也越大。如能选择月 K 线、周 K 线、日 K 线、60 分钟 K 线的底部 "共振" 区间，则该底部的可靠性极高。

第四，从时间上看，真底往往出现在持续大跌之后，特别是股指出现大阴

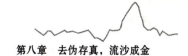

线，向下跳空缺口之后，阴跌行情是无法形成真底的。从历史上看，每年的 12 月份及第一季度经常出现年内的底部，而 8 月、9 月份经常出现假底。当然，这并不是绝对的，投资者要结合具体情况进行具体分析。

抄底箴言

需要说明的是，底部或真或假，其实与投资者的理解方法及看盘思路存在着较大的联系。事实上，对于底的理解不能只以形态而去论形态，必须将形态以外的因素作为参考的重点，这就跟散文的"形散神不散"一样，必须看到有可能出现的形态，再从形态之外的大环境对股价的影响做出最终的判断，这样看盘的境界才能提升。

招法 57　筑底失败的分析

所谓筑底，就是构筑底部形态，一般是指一轮大跌止跌以后在底部的休整。事实上，筑底就是在庄家抬升某只股票前所做的各种形态和走势分析，使心中对它的动态有一个清晰的把握。

通常情况下，筑底的时间长短取决于政策、资金、市场、信心等多方面因素，一般这个时间都比较漫长，股谚云"筑底需三月，筑顶只三天"。

在筑底阶段，股价经过长期的下跌之后，跌势由趋缓转为横盘振荡，30 日均线走平并逐渐转为向上，成交量出现规则的涨时放量、跌时缩量特征，且量比和下跌时相比略有放大，在短期均线和中期均线形成"金叉"向上的多头排列时，利用先行指标成交量的放大情况进行买进操作，在整个筑底的过程中对散户而言最好的操作策略是观望而不是抄底。

客观来讲，筑底时间的长短与政策、资金、市场、信心等多方面因素都有关系，所以，无论哪一个方面出了问题，筑底都有可能失败。行情处于下降趋势时候，当投资者认为现在是行情的底部时候，行情可能再次下跌创出新低。筑底成功只有等走出底部之后才能够确定，下降趋势不言底。对于普通投资者而言，操作的最后时机是在筑底确定之后进行，提高成功率（如图 8-2）。

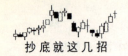

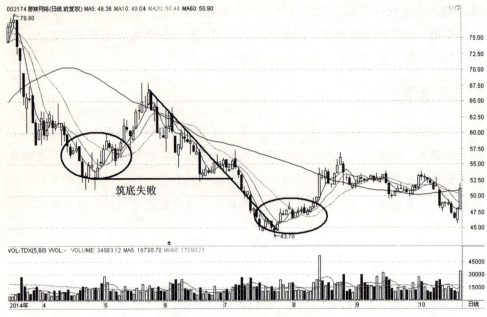

图 8-2 筑底失败后再次筑底

抄底箴言

需要指出的是，无论是上升行情还是下跌行情，都会有底部出现，然而，不同行情中出现的底部所表达的意义是不一样的。掌握不好，就会瞬间被深套，掌握好就会获得成倍的利润。大盘筑底并不取决于股票的好与坏，利润好的股难以筑底，利润差的股并不一定不会出现底部。真正的底并不取决于主力资金的进入，而是取决于投资者的介入与退出。

招法 58　准确识别反弹与反转

一、反弹概要

1. 反弹的概念

在股市上，股价呈不断下跌趋势，终因股价下跌速度过快而反转回升到某一

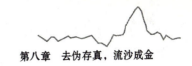

价位的调整现象，称为反弹。一般来说，股票的反弹幅度要比下跌幅度小，通常是反弹到前一次下跌幅度的三分之一左右时，又恢复原来的下跌趋势。

由上面概念中我们可知，反弹其实质就是朝着下跌趋势的反方向弹，虽然弹的方向与大势的方向相反，但反弹的最终结果都是不断创新低，所以，如果误把反弹当反转进行抄底是比较危险的（如图 8-3）。

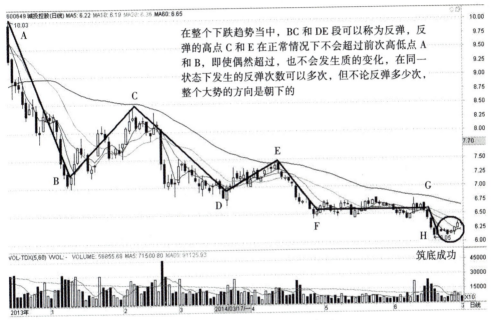

图 8-3　下跌趋势中的反弹示意图

2. 反弹的性质分析

一般而言，反弹行情的不确定因素相对较多，市场行情变化较快，在参与反弹行情时一定要认清反弹性质，确定反弹的种类，测算反弹行情的未来发展趋势和上升力度，并据此采用适当的投资方式、把握介入尺度。概括来讲，投资者对于反弹性质的可从以下几个方面分析：

（1）看成交量是否有效放大。对于成交量的分析不能从表面上或单一交易日看，而要从量能整体变化趋势分析，研判成交量是否真正有效放大。

（2）通过市场热点分析。对于市场热点分析，需要结合不同的市场背景研判。通常情况下，不同的板块热点，对反弹行情所起的作用是不同的。如果市场在外围资金充沛、股市向好的背景下，启动板块数量少、流通盘小、缺乏号召力

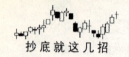
的小市值投机类股票,往往会给行情造成一定不利因素。而在市场萧条、外围资金匮乏、市场内资金存在严重供给不足的情况下,启动大型蓝筹股板块,将使资金面临沉重压力,反弹行情往往会迅速夭折。

(3)从个股方面识别反弹的真实性。其中,均价指标是最常见也最容易被忽视的指标。投资者分析行情涨跌时,总喜欢用收盘价位的高低作为衡量标准。然而,现实走势中常会出现尾盘突然拉升或跳水的走势。这种尾盘异动使得收盘价处于异常的高点位置,从而影响投资者对行情的研判。均价指标则在一定程度上消除了这种误判,若股指出现反弹,但多数个股的均价不涨反跌,就应保持警惕。

二、反转概要

1. 反转的概念

所谓反转,是指股价朝原来趋势的相反方向移动,分为向上反转和向下反转。反转是对应着股价正向波运动发生的变化,它一定是作为对前一波牛市或熊市的扭转而言的下跌和上涨,是大级别的长期趋势改变。

一般情况下,反转分为几种形式:从大势来讲,就是由熊市转变成牛市,或者由牛市转变成熊市;从个股来说,就是从上涨趋势转成下跌趋势,或者由下跌趋势转化成上升趋势,如图8-4。

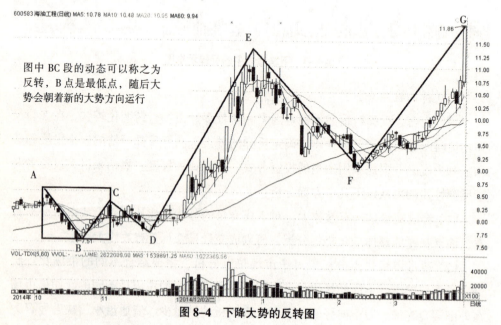

图中 BC 段的动态可以称之为反转,B 点是最低点,随后大势会朝着新的大势方向运行

图8-4 下降大势的反转图

由图 8-4 可以看出，当个股由下降趋势反转向上，发展成为上升趋势时，投资者应在反转点 B 处抄底积极介入，必有不菲的收入。

2. 反弹与反转的区别

对于反弹与反转的区别，投资者可以从有以下几点加以判断：

（1）从基本面上看，基本面发生根本性的变化，各种因素都支持股市走牛，这就是反转。基本面没有根本性的变化甚至还在继续恶化，是反弹。

（2）从资金来源上看，行情里投资者的队伍不断扩大，场外资金大量进场，多头有强大的生力军做后盾，是反转。入市的新投资者不多，行情主要靠场内的存量资金维持，是反弹。

（3）从技术上看，大盘的短期均线上升强劲有力，中期均线紧随其后，长期均线开始拐头向上，短中期均线有效穿越长期均线，是反转。如果短中期均线虽然拐头向上，但长期均线仍然保持一定的速率向下运行，而且短中期均线无法有效穿越长期均线，是反弹。

（4）从成交量上看，看量能是否充分，这是场外资金入场的标志性指标。如果是反转，大盘在筑底完成后，向上突破时，成交量成倍放大，而且连续放出巨量，此时的量应当接近或超过上一波行情顶部的量，从底部向上突破时的量越大，说明量能越充分，反转的可能性越大。而反弹的成交量较小，即使放出巨量，但巨量不能连续放出，无法维持量能，说明多头后续能量不足。

（5）从庄家的炒作理念上看，如果市场会形成一种"全新"的投资理念，同时还会有一些全新的题材和概念，是反转；如果市场缺乏新理念和新思维，股市只是在重复过去的一些陈旧的题材和概念，是反弹。

（6）从领涨板块上看，股市中有激发人气的领涨板块，有一大批强势股屡创新高，带动整个股市行情上行，是反转。如果股市中，热点杂乱无章，而且不连续，缺乏带人气的领涨板块，是反弹。

（7）看构筑时间充分性。大盘经过大幅下跌后，成交量长期低迷。股价已经跌无可跌，市场对利好和利空已经麻木，在多次利空的打击下，几次探底，但下跌动力明显不足，无法再创出新低，底部形态明显，这是反转的首要条件。而反弹是在下跌趋势里的一种技术性回补，反弹的底部构造不充分。

需要说明的是，反弹与反转两者之间也存在转化关系，这就是在股价底部反转第一波上涨的初始阶段，通常把它认为是上一波下跌的反弹，只有在后市突破

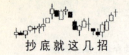

前期下跌段某个重要价位（阻力位）之后，反弹才可能演化为反转。

三、反弹的实战分析

事实上，投资者往往将参与反弹行情称为"抢反弹"，"抢"字说明了这种操作技巧的关键在于快，通俗的说法就是"抢一把就走"，要求操作中要思维果断，动作敏捷，快进快出，见好就收（如图8-5）。

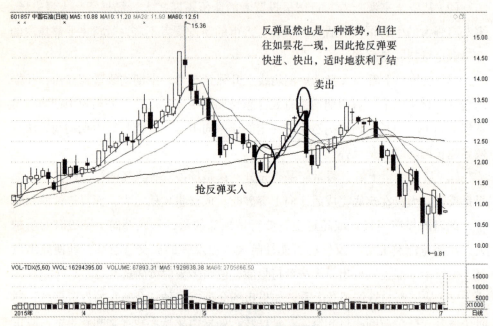

图 8-5 抢反弹的关键要快

抢反弹的意义在于"抢"，由于是"抢"就意味着"强行获取"，理所当然地就有着被"抓"的危险。在高风险高收益投资原则的诱惑下，不能因为有可能被"抓"的危险就放弃可能"抢"回财富的机会。"抢"就是以最快、最危险的办法争取获得最大的效益，由于反弹过程的复杂性和曲折性，弄得不好也许会"蚀掉一把米"，破了财心态也变坏。

在实际操作中，投资者在参与反弹行情的时候，不能制定盈利目标，为了将风险控制在一定范围内，当股价上涨趋缓时就要果断卖出。如果买进后该股随即停止上涨，并且在缺乏动力的情况下转为横盘整理时，投资者也需要坚决卖出，不能犹豫，不用考虑是否保本，更不能幻想该股后市可能涨高。由于抢反弹是一

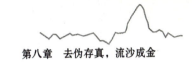

种短线操作，投资者不可以长时间地观望等待，否则极有可能陷入套牢。

按照"反弹不是底，是底不反弹"的说法，反弹后必然继续探底，再创新低。所以，也才有逢反弹出货，创新低后再吸筹码的操作策略。

四、反转的实战分析

客观来讲，一个真正的底部出现，需要伴随着投资者的彻底麻木。如果很多人期待着牛市的到来，这就不是底部。在实际操作中，仅仅依据反转的特征去操作，是非常片面的。投资者需要继续观察反转后第二天的走势，反转的初期不能有板块分化，必须所有股票全面走高，所有的股票全部遭到资金的疯抢，真正形成持续的资金注入，不分板块，不分热点，盘面的特征就是抢夺筹码的特征，只有出现了这样的走势，才能基本肯定大行情已经到来，此时，投资者可以大胆跟进。事实上，股票之后的走势也是需要投资者继续关注的。在弱势行情中，会出现很多单日反弹，然而之后就会用一根或者几根阴线吞噬掉单日大阳线。因此，反转的走势必须保证阳线的连续，不能出现明显的回调，不管是超强势的"V形"反转还是温和的圆弧底，只要是真正的底部，就不可以有些许的犹豫，任何的抛盘都要被强大的买方消灭，只有这样，才是真正的大底。

从实战的情形来看，反弹不一定能演变为反转，但反转却一定由反弹演变而来。不过，一轮跌市行情中能转化为反转的反弹只有一次，剩下多次反弹都将致发更大的跌势。为了搏一次反转的机缘而抢反弹的投资者，常常因为这个被套牢在下跌途中的"山腰"间，因此，投资者千万不能将反弹视为反转，否则必将遭受不必要的损失。

抄底箴言

需要说明的是，在对股价运动的主级正向波、次级逆向波动及日间杂波的识别上，无论使用何种分析方法，都不可能达到百分之百的准确。在具体操作中，投资者容易将反弹和反转这两个概念混淆，从而导致战略上的决策错误，也就必然会导致在临盘操作上的失败。

参考文献

[1] 范江京. 实战买卖点——实战精华版 [M]. 北京：机械工业出版社，2015.

[2] 黄俊杰. 突破为王：五根 K 线锁定买卖点 [M]. 北京：中国电力出版社，2015.

[3] 宁俊明. 与庄神通——股票交易中的精准买卖点 [M]. 成都：四川人民出版社，2014.

[4] 尼尉圻. 解码股市——赢在买卖点 [M]. 北京：中国纺织出版社，2014.

[5] 崔慧勇. 找准买卖点——股票最佳买卖点实战大全 [M]. 北京：中国电力出版社，2013.

[6] 冯矿伟. 双龙战法——盘口精确买卖点 [M]. 北京：地震出版社，2013.

[7] 本社. 股市实战如何精准把握买卖点 [M]. 北京：电子工业出版社，2013.

[8] 刘炟鑫. 一线牵牛股——精确狙击买卖点 [M]. 成都：四川人民出版社，2013.

[9] 赵信. 筹码分布——准确提示买卖点——彩图实战版 [M]. 广州：广东经济出版社，2012.

[10] 本社. 决胜买卖点 1 分钟秘笈 [M]. 北京：电子工业出版社，2012.

[11] 操盘圣手. K 线买卖点大全 [M]. 北京：中国经济出版社，2012.

[12] 朱树健. K 线形态买卖点大全 [M]. 北京：化学工业出版社，2012.

[13] 蒋幸霖. 散户必知的 200 个买卖点 [M]. 北京：清华大学出版社，2012.

[14] 老牛. 选股与买卖点技法大全集 [M]. 北京：人民邮电出版社，2012.

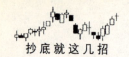
[15] 李群. 用技术指标决定买卖点（个股实战版）[M]. 武汉：长江文艺出版社，2012.

[16] 李郑伟. 短线操盘买卖点大全 [M]. 北京：化学工业出版社，2012.

[17] 张永生. 买卖点实战图解 [M]. 北京：电子工业出版社，2012.

[18] 龚梵煜. K 线 + 形态 = 买卖点——如何运用 K 线技术在股市中盈利 [M]. 北京：地震出版社，2012.

[19] 曹千阳. 精准判断买卖点——炒股就这一招 [M]. 北京：宇航出版社，2012.

[20] 罗喜全. 抄底逃顶不再难 [M]. 北京：中信出版社，2011.

[21] 郭泰. 抄底：股市低买高卖的 10 个信号 [M]. 北京：中国青年出版社，2011.

[22] 黄汝生. 如何抄底与逃顶——股市最佳买卖点 [M]. 北京：中国经济出版社，2011.

[23] 张捷鹏. 小钱致富——抄底 12 招 [M]. 北京：经济科学出版社，2010.

[24] 刘少林. 股市实战兵法之抄底 18 招 [M]. 南昌：江西科学技术出版社，2008.

[25] 皖城. K 线戏法——股市逃顶与抄底技巧 [M]. 上海：上海财经大学出版社，2010.

[26] 钱诗金. 牛市向右　熊市向左 [M]. 北京：经济科学出版社，2008.

[27] 黄智华. 如何判断牛市和熊市 [M]. 广州：中山大学出版社，2009.

[28] 旺仔. 做熊市中的聪明人 [M]. 广州：中国金融出版社，2009.

[29] 蓝海. 牛市、猴市和熊市的投资秘诀 [M]. 北京：机械工业出版社，2008.

[30] 江南小隐. 理财学院破译 K 线图中的密码 [M]. 北京：中国宇航出版社，2012.

[31] 老牛. K 线掘金——从 K 线图研判买卖点的 65 个细节 [M]. 北京：人民邮电出版社，2011.

[32] 陆春明. K 线藏天机 [M]. 成都：四川人民出版社，2011.

[33] 曹明成. 曹明成 K 线技术精要 [M]. 上海：立信会计出版社，2011.

[34] 张展. 看图搞懂 K 线图 [M]. 北京：人民出版社，2011.

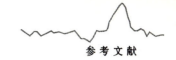

[35] 刘元吉. K 线图一看就懂 [M]. 北京：人民邮电出版社，2010.

[36] 杜斌. 均线操盘法 [M]. 北京：中国经济出版社，2012.

[37] 王恒. 一眼看破均线天机 [M]. 广州：广东经济出版社，2012.

[38] 智成. 均线操盘稳赚钱 [M]. 北京：中信出版社，2011.

[39] 杨明龙. 均线精讲：从入门到精通 [M]. 北京：化学工业出版社，2012.

[40] 郝鸿雁. 从零开始学均线 [M]. 北京：中信出版社，2011.

[41] 王林峰. 从零开始学指标：10 大技术指标买点卖点止损位补回位图解 [M]. 北京：中国经济出版社，2012.

[42] 杨明龙. 技术指标精讲：从入门到精通 [M]. 北京：化学工业出版社，2012.

[43] 柴宝亭. 从零开始学技术指标 [M]. 北京：人民邮电出版社，2011.

[44] 励佰专业理财机构. 经典指标一周通 [M]. 北京：经济管理出版社，2011.

[45] 刘元吉. 炒股必知的 36 个技术指标 [M]. 北京：中华工商联合出版社，2010.

[46] 韩志铭. 跟赢家学看盘——透过技术指标把握股市规律 [M]. 北京：电子工业出版社，2010.

[47] 周家勋. 指标大全股市技术手册 [M]. 北京：中国科学技术出版社，2009.

[48] 尹宏. 最经典的股市 10 大技术指标解 [M]. 北京：中国经济出版社，2009.

图书在版编目（CIP）数据

抄底就这几招/刘平著. —北京：经济管理出版社，2015.9
ISBN 978-7-5096-3910-8

Ⅰ. ①抄… Ⅱ. ①刘… Ⅲ. ①股票投资—基本知识 Ⅳ. ①F830.91

中国版本图书馆 CIP 数据核字（2015）第 203937 号

组稿编辑：王光艳
责任编辑：许　兵　吴　蕾
责任印制：黄章平
责任校对：王　淼

出版发行：经济管理出版社
　　　　　（北京市海淀区北蜂窝 8 号中雅大厦 A 座 11 层　100038）
网　　址：www. E-mp. com. cn
电　　话：（010）51915602
印　　刷：三河市延风印装有限公司
经　　销：新华书店
开　　本：720mm×1000mm/16
印　　张：16.75
字　　数：286 千字
版　　次：2015 年 9 月第 1 版　2015 年 9 月第 1 次印刷
书　　号：ISBN 978-7-5096-3910-8
定　　价：48.00 元